中年之路

穿越幽暗，迎向完整的內在鍊金之旅

James Hollis
詹姆斯·霍利斯

鍾穎（愛智者）——譯

THE MIDDLE PASSAGE

From Misery to Meaning in Mid-Life

在人生旅程的中途，我發覺自己置身於一座黑暗的森林，迷失了道路。

——但丁（Dante），《煉獄》（*The Inferno*）

我們的心盛滿了各種新的痛苦，新的光彩與沉默……神祕變得野蠻，上帝變得更加偉大。黑暗勢力增加了，因為它們也變得更強大，整個人類之島都在震動。

——尼古斯．卡山札基（Nikos Kazantzakis）《上帝的救世主》（*The Saviors of God*）

生活必須回憶過往，但活著必須往前行走。

——索倫．齊克果（Soren Kierkegaard）《齊克果日記》（*The Journal of Kierkegaard*）

若你活出內在的事物，它們必將拯救你。若你不將內在的事物活出，它們必將毀滅你。

——《多馬福音》（*The Gospel According to Thomas*）

翻譯序

中年從什麼時候開始的？

從你開始意識到生活不對勁的時候。無論是你很得意自己勝過了父母，或是一直覺得自己比不過他們。無論是你發覺伴侶關係跟你想得有落差，或是覺得自己似乎沒有活成年輕時以為的那個樣子。你都可能發現有些小小的情緒在發酵。

這些對生活的各種不滿與疑問經常指向榮格心理學所說的「中年危機」。如果要用一句話來概括它，或許可以這麼說：你長大了，但卻沒有成為自己。

成為自己是一條漫長而艱辛的道路，我猜你還記得青春期時你對未來與工作有多徬徨，也幻想過你可能從事的職業或誰是身邊的伴侶。其實這個過程早在你還是個孩子的時候就已開始，自你興奮地對父母親遞來的食物大聲說「我不要」時，就已踏上了自我瞭解的道路。

但是，這條路並未因我們獲得了某項專業與頭銜，擁有了家庭或親密關係而中止。事實上，作者告訴我們，這些在我們第一成年期所建立起來的認同，經常只是一個「暫時性的人格」。

那不是我們，那是我們「想要」擁有的身分，而這個想要，經常受到生活環境的暗示、成長背景的制約、以及我們無意識對父母的效法或反抗所塑造。比起父母對子女的需要，有時子女更加需要父母。我們需要他們肯定我們，需要他們認同自己、甚至需要他們認錯或認輸。無論是哪一種，都說明我們還活在父母的影響力之下。

人的前半生就是這樣成為英雄的，一個將父母或其所代表的權威給踩在腳下或視為楷模對象而奮鬥的英雄。在我們的故事裡，自己總是正確的那一方，我們不會犯錯，無論是專業能力還是個人品格也只會越來越好，越來越完美。

直到某一刻，你發現職場中的年輕人在背後議論你，子女的眼神開始對你產生不信任。父母離世或垂垂老矣，或者，你開始經驗到身邊的朋友失去聯繫，而你也開始被超市或理髮店的店員叫大姐或大哥。

成住壞空走向了後半段，生老病死已經是眼前的現實。作者將它稱為緩慢的恐怖秀，我們接連失去朋友、伴侶、孩子、社會地位，然後是自己的生命。

中年之後，當意識的發展已經到了盡頭，人生的可能性幾乎被窮盡但卻依舊感受不太到快樂，此時無意識的發展就會開始跟上，以意外的方式召喚我們走上一條不一樣的路。這條路就是本書所稱的「中年之路」。

不管這些意外是外遇、親子衝突、離婚、病痛、還是轉行，背後經常可以看見陰影的痕跡。在過去，文化確保我們都能遵循固定的發展路徑，但在後現代中，共通的標準模式已不再適用，取而代之的，是被榮格心理學所稱的「個體化」(individuation)，你必須自己選擇成為那個，或者選擇成為這個。你必須藉由探索自己的無意識來成為你自己。

我們相信，人的內在有大於我們的存在，榮格稱為「自性」(Self)，中年就是聆聽自性聲音的過程，否則我們就會被困在英雄認同(例如某專家、某主任、某院長、某教授、或某老闆)或父母親的角色中。

這個背離中年前期的角色認同，而去傾聽內在聲音的過程並不神祕，只是我們有太多娛樂會將它打斷，包括看電視、滑手機、追劇、電玩與閒聊。

也有不少人終其一生在屠龍，在實踐自己想像中的正義，卻未發覺那是自戀的延伸，沒發現真正要面對的不是他人的錯誤，而是內心的陰影。他們困在個人的議題中而不自知，相較於那些安於自己社會與家庭角色的人，他們總是缺乏安全感，因為他們的自我所綁定的人格面具（persona）較為狹隘因此更加危險，經常搖搖欲墜。

和人格面具保持距離比想像中還要困難，我們經常得在犯錯之後，才能靜下心來思考自己與惡的距離。但也因為如此，人才開始了對內心的探索。戴上面具誰是我？拿下面具我是誰？當我不再需要對抗或滿足我的父母，我會長成什麼模樣？我有限的一生究竟有何意義？

而那些能走向中年之路，開始嘗試與自性建立聯繫的人是很罕見的，因為絕大多數的人並不知道除了職場頭銜與父母角色外，自己還能是什麼？生活開始亂了套，自戀也逐漸消風。至此，孤獨的公海航行開始了。

不論你是即將還是已經在這條路上，請遵從無意識的引導，成就你的個體性。從現在開始，你要練習不再討好任何人，只需清醒地活出更大的自己。

翻譯這本書的過程相當愉快，它讓我重新整理了自己的前半生，我為此深深感激。我曾在個人的粉專上發表了幾篇翻譯的心得，讀者們熱烈的反應讓我相信，我們都能從本書受益。

來吧！我的朋友，你的內在之光正在閃耀。

這本書是我翻譯的第四本書，不能再以新手譯者自居的我要對翻譯品質負起更多的責任。謝謝各位讀者一路以來的相伴，你們是我在這條孤獨的路上最大的倚靠。誠心希望這本書的知識能陪伴您成長，還請翻開這本書，一起成為個體化之路的夥伴！

目錄

作者序

為何有這麼多人在中年時遭遇痛苦？為何是在那個時候？為什麼我們把它稱為危機？這樣的經驗意味著什麼？

我傾向把中年危機稱為中年之路，它為我們提供了重新審視生命的機會，並提出了有時令人恐懼但經常能解放我們的問題：「除了我的過往以及我所扮演的角色之外，我到底是誰？」當我們發現自己一直以虛假的自我過日子，被不切實際的期待逼著扮演一個暫時的成人模樣時，我們就開啟了走向第二成年期的可能性，那裡有我們真正的人格。

中年之路是一個重新定義和重組人格的機會，是介於第一成年期及無可避免的老年與死亡中間的階段。那些走過中年之路的人常會發現他們的生命變得更有意義。而那些沒走過的人，無論他們的外在生活看起來有多成功，則依舊是自己童年的俘虜。

在過去的十年裡，我心理分析的對象主要是那些走在中年之路的人，我從他們身上看見了一再重複的模式。中年之路代表著重新調整自我感的美好機會，雖然這有時令人痛苦。因此，本書將會討論下列議題：

(1) 我們如何獲得特定的自我感？
(2) 進入中年之路前有哪些預兆？
(3) 我們如何重新界定自我感？
(4) 榮格的個體化與對他人的承諾，這兩者的關係為何？

(5) 哪些態度與行為變化能支持我們走向個體化，推動我們穿越中年之路，並從痛苦走向意義？

深度心理學家知道，一個人的成長有賴於他向內觀看並承擔個人責任的能力。如果我們總是將自己生活困境的起因視為他人所引起，是一個可以「加以解決」的問題，那改變就不會發生。如果我們缺乏勇氣，就不會有任何學習。在一封1945年的信裡，榮格提到了個人成長：

成長這件事包含了三個部分：洞察力、忍耐力和行動力。心理學只在第一部分被人需要，而在第二、第三部分中，道德力量扮演著主導角色。[1]

我們當中有許多人把生活當成一部小說。我們被動地一頁翻過一頁，假定這本書的作者會在最後一頁告訴我們生命的意義。正如海明威（Hemingway）曾說過的那樣，如果主角還沒死，不過是作者還沒打算結束這個故事罷了。

因此，無論是否覺醒，我們在最後一頁都會死去。而中年之路的邀請是為了讓我們變得更加覺知，承擔起餘下篇章的責任，並為召喚我們的廣闊人生而冒險。[1]

無論讀者正處於人生中的哪個階段，對我們的召喚都與丁尼生（Tennyson）的《尤里西斯》（*Ulysses*）相同：

> 長日將近，明月徐升。無數聲響，四周低吟。來吧吾友，探訪新知，
> 時猶未晚。[2]

1 原註1。C.G. *Jung Letters*, vol. a, p. 375.

2 原註2。"Ulysses," in Louis Untermeyer, ed., *A Concise Treasury of Great Poems*, p. 299.1 本詩譯文參考浙江大學出版社之《中年之路》譯本（鄭世彥譯，2022）加以修改。

1 暫時性人格

二戰剛結束時，我剛好五年級，我們老師買了一些本來要用做潛望鏡的玻璃稜鏡。上課前後，我們都會戴著這個稜鏡在走廊上踉蹌前進，笑鬧著撞向牆壁和其他人。我們著迷於現實到底是什麼，又要如何用這麼扭曲的角度來找對路。我很好奇那些戴著眼鏡的小孩是看得更清楚了，還是看到了不同的世界。當我知道眼球中的水晶體也會折射光線時，我不禁懷疑，我們所見的現實，是否全部取決於水晶體。

年幼時的觀察至今對我仍有幫助，我察覺到，無論現實長什麼樣子，某種程度上，它都是被我們的視角塑造而成的。打從我們出生起，就戴上了許多不同的眼鏡[3]：遺傳基因、性別、特定文化以及不同的家庭環境，它們共同組成了我們對現實的感知。多年後回顧這一切，我們不得不承認，比起看待現實的視角，生活或許更少源於我們的真實本性。

有時治療師會製作一張代表家人情感關係的家族圖。這張幾代家族的歷史會顯露出反覆出現的母題（motifs）。雖然遺傳傾向扮演著重要角色，但很明顯的是，家族成員會將看待生活的角度代代傳遞下去。這些有色眼鏡會從父親傳給孩子，在此折射過的視角下，特定的選擇與結果會不斷重複。正如我們透過這些有色眼鏡看到了世界的某些層面，我們同樣也會錯失其他的層面。

3 譯註1。原文是 lenses，作者一語雙關，lens 既是水晶體，又是眼鏡鏡片，也作視角解，本書根據上下文採取不同翻譯。

讓中年之路變有意義的第一步，或許是承認，家庭與文化所給我們的有色眼鏡是有侷限的，我們因此做出選擇並承受結果。如果我們出生在不同的時空，有著具備不同價值觀的父母，我們對生活就會有完全不同的視角。我們被賦予的視角會帶來一種受限的生活，它所反映的並非我們是誰，而是我們被制約來看待生活並做出選擇的方式。每個世代的人都被人類中心主義（anthropocentrism）[4]所吸引，試圖捍衛自己的世界觀，認為自己的觀點比其他人更優越。因此，我們認為自己的世界觀是唯一正確的，我們很少懷疑感知所受到的制約。

即使是擁有特權的童年期，生活也可能經驗到創傷。我們本來在母親子宮的宇宙中與她共享著同一個心跳。突然間我們就被粗暴地推入現實，進入了流亡狀態，同時開始追尋，想要返回自己失落的連結。即使宗教（這個詞源於拉丁文的 *religio*，意思是「人類與諸神的紐帶」，或者源於 *religare*，意思是「與從前聯繫」。）也可以被視為此願望的投射，目的是返回與母親子宮的連結。但對許多人來說，由於貧困、飢餓和各種虐待，對世界的最初體驗摧毀了他們的自我感。打從孩提時候起，他們就封閉了自己的情感、認知與感受能力，以免自己遭受進一步的傷害。他們成為反社會者以及精神異常者，充斥在監獄，橫行於街頭。

令人難過的是，對這些遭受創傷的人來說，成長與改變的可能性十分令人悲觀，對他們來說，成長無異於要向痛苦的世界敞開自己，而這點令人驚恐。我們中的多數人僅是做為神經症患者而存活下來，換言之，我們內在的孩童本性與社會化的世界兩者有著分裂，而我們只能在夾縫裡生存。我們甚至認為，未經檢視的成年人格，是由童年創傷所引起的態度、行為和心理反射的集合，其主要目的是為了處理童年記憶中所經驗到的壓力。我們可將這種集體記憶稱為內在小孩，而我們的各種神經症就是無意識為了捍衛這個小孩所發展出的不

4 譯註2。人類中心主義，意指人類傾向認為自己是宇宙中最重要的物種，人類是萬物之靈，人類至上。這種觀點是人類與生態環境產生衝突的主因。換言之，人類是自以為是的，認為世間萬物從屬於自身，或者是為了人類而存在。

同策略。（神經症這個詞並不是臨床意義上的，而是在指稱自然本性與環境適應之間的分裂時，所使用的普通詞彙。）

童年創傷的本質可以概括為兩個基本的類別：⑴被忽略與被遺棄的經歷；⑵被生活壓垮的經歷。

我們所稱的暫時性人格就是脆弱的孩童用以處理存在焦慮時所採用的一系列策略。一般而言，這些行為和態度在我們五歲前就形成了，並以各種驚人的策略不斷完善，而其背後都有一個共同的動機，那就是自我保護。

儘管戰爭、貧困或身體障礙等外在壓力在兒童的自我感與世界觀中扮演著重要角色，但影響我們生活的主要因素還是親子關係。人類學家曾描述過原始文化的認知過程，並注意到它們是如何複製我們童年期的思維型式。這類文化的特點就是泛靈論和魔法思維。

未分化的思維是這些原始文化和童年期認知歷程的特點，它們都認為世界充滿了靈性物質。換言之，內在和外在的能量被認為是同一個現實的不同面向，這就是泛靈論思維。此外，這些原始文化和孩子一樣，都認為內在現實與外在世界之間互為因果，相互影響，這就是魔法思維。好比原始人只認識自己的洞穴和雨林的邊界一樣。兒童也試圖理解環境，以便增加舒適感，這有利於進一步的生存。（在柏拉圖〔Plato〕著名的洞穴寓言中，人類理解力的限制被比喻成囚犯，他們對著自身受困洞穴中的影子得出生活的結論。）然而孩童對世界所得出的結論也源於狹隘的視野，那無疑是片面而且偏頗的。孩童無法說：「我的父母有問題，這對我有不利影響。」孩童只能做出這樣的結論，那就是生活令人焦慮，世界並不安全。

為了理解親子環境，孩童會用三種基本方式來詮釋自身的經驗。

(1) 孩童會以直覺的方式來詮釋他們與父母的觸覺與情感連結，作為對生活的總體認識。

生活是可預測的、能滋養人的？還是不確定、痛苦且不穩定的？這種基本的感知會形塑孩子的信任感。

(2) 孩童會內化父母的特定行為來當作對自我的認識。

因為兒童無法客觀地經驗或覺知父母的內在現實，所以父母的憂鬱、憤怒或焦慮會被孩子詮釋為對他們的事實陳述。孩童因此得出結論：「別人如何看我，或別人如何待我，意味著我就是這樣的人。」（一個37歲的成人問他即將離世的父親：「為什麼我們從來沒有親近過？」這父親激動地說：「你記得你10歲時把玩具掉在馬桶裡面嗎？」接著他講了許多瑣事。兒子走出醫院時感到無比自由。他一直覺得自己不配得到父親的愛，他的父親讓他得到了嶄新的自我形象，使他從自己的愚癡中得到解放。）

(3) 孩童在看見成人與生活搏鬥的行為時，不僅會內化這些行為，也會內化他們對自我與對世界的態度。

孩子會因此得出如何與世界互動的結論。（有個女性的母親有廣泛性焦慮，她一直活在母親的陰影之中，直到她上大學前，都未曾質疑母親的陰鬱和悲觀態度。她大一時認為其他同學並不知道世上存在著壞事，大二時，她懷疑自己可能受到了母親焦慮的影響，因此開始以更放鬆的心態看待自己和世界。）

我們對自我與世界的結論顯然取決於父母回應特定問題的有限經驗。這類經驗被魔法思維給過度個人化了，「這些經驗都是為我安排的，而且只和我有關。」由此得出的結論會過於概括，因為人們只能藉由已知的事物來評估未知。由於這種狹隘又深具偏見的偏誤，人們充滿了各種感知、行為與反應，帶著片面的眼光進入生活。

這種帶著個人特色且有缺陷的自我感，以及形成人格的早期策略，會根據童年經歷的性質而有不同。不同的創傷種類，例如遺棄感或被生活壓垮的感覺，會逐漸發展出一種複雜的行為，那是無意識的反射性反應。[5]

5 原註3。我們此處所討論的經驗可能導致了個體自我感的早期危機。好險，這並非事件的全貌。通常也包含了有限的快樂，舉例來說，這使我們相信早上起床時早餐會準備好，或者今天的生活將會有更多的可能性。

當一個孩子被壓垮時，他會經驗到來自他者的巨大壓力向他脆弱的邊界襲來。由於他缺乏選擇其他生活環境的能力，甚至缺乏客觀定義問題本質的能力，也缺乏進行經驗對比的基礎，因此孩子會出現防衛性的反應，變得對環境過度敏感，並「選擇」以被動、依賴或強迫的方式來保護他脆弱的心理疆域。孩子會因此學會各種適應方式，因為對於相對無能的自我來說，生活本身看起來具有絕對的壓倒性。舉一個男性為例，他的母親不斷要求他超越父親，做一個「成功人士」，成為擁有卓越技能的專業人員，然而他卻養成了愛花錢的習慣，這讓他的經濟和情感生活都破產了。他的成年生活看起來是一個理性之人的自由選擇，但其實卻是對他人絕對性壓力的被迫服從，他的服從伴隨著無意識的反叛，把尋求失敗作為消極的抗議。

在面對拋棄，也就是養育不充分時，孩子可能會「選擇」依賴他人的模式，或者一生沉迷在尋求一個更積極的他人。例如，一個在童年期曾被忽視的女人，長大後一個愛過一個，但總是在幻滅與挫折中結束關係。一部分原因是她的情感需求將男人嚇走了，另一部分原因是她會無意識地在情感上與男人疏遠。她的父親曾經在情感上與她保持距離，因此她的生活反射性地形成了一種自毀的反應，認為她自己「沒資格被他人給予」，同時又絕望地期待下個男人可以補償她內在的親子創傷。

這些創傷，以及內在小孩所採取的各種無意識反應，成為了成年人格的重要決定因素。孩子無法形成自由表達的人格，反而會以其童年經歷形塑自己在世界上的角色。因此，由於童年期的創傷，成年期的人格其實更像是對早期經驗與生命創傷的反應，而不是一系列的選擇。

榮格心理學認為這些反射性的、充滿情感的反應與個人情結的本質有關。情結自身是中性的，雖然它攜帶著與經驗、內化的意象有關的情感能量。早期經驗的強度越大，或者持續的時間越長，情結對我們生活的影響就越大。情結是不可避免的，因為人人都有各自的成長史。問題不在於我們帶有情結，而在於情結佔有了我們。有些情結在保護人類時很有幫助，但有些情結會干擾我們的選擇，甚至主宰我們的生活。

情結經常處於無意識狀態，它們充滿了能量而且自主運行。儘管它們是被當下的事件所激發，但其心理運作方式卻很相似，實際上它所說的是：「我先前似乎來過這裡。」眼前的刺激可能與過去的事情只有一點類似，但如果近似的部分是在情感上，那就會觸發過去的反應。每個人都會對諸如性、金錢和權威等議題有充滿情感的反應，因為它們經常與過去的重要經驗有關。

在所有的情結中，最具影響力的是那些被內化的父母經驗，我們稱之為母親情結與父親情結。他們通常是我們生命中最重要的兩個人。他們在我們生命形成之初就在那裡。他們對待我們的方式以及生活策略廣泛地影響了我們。舉例來說，海明威充滿男子氣概的英雄形象，就是對其生活在伊利諾州橡樹園時童年經驗的過度補償，他的母親希望他當一個女孩子，即便待他成年後，也仍在情感上誘惑和干涉他，這讓海明威害怕女性。法蘭茲・卡夫卡（Franz Kafka）被他強大的父親嚴厲掌控，因此他認為世界本身也同樣強大、疏離及冷漠。這並不是說他們沒有能力創造偉大的藝術，他們當然有，但其創造的型式與個人動機是為了克服、補償——如果可能的話——更是為了超越其原始的父母情結。

因此我們都無意識地活著，成為過去生活的反射。即使是在童年早期，我們的天性與社會化的自我，兩者間的鴻溝也在不斷加深。華茲華斯（Wordsworth）在兩世紀前《對永生的頌歌》（*Ode on Intimations of Immortality*）中就曾寫道：

嬰兒時期，天堂就在我們身邊！
但囚室的陰影逐漸向我們靠近，
籠罩在成長中的男孩，……
人們最終目睹了天堂的消逝，消逝在平凡的日子裡。[6]

對華茲華斯來說，社會化過程是與天生的自我感逐漸疏遠的過程，從出生後就開始了。在尤金．歐尼爾（Eugene O' Neill）的戲劇《進入黑夜的漫長旅程》（*A Long Day's Journey Into Night*）中，裡頭的母親更是悲劇地描述了這個情況：

6 原註4。參見 Ernest Bernbaum, ed., *Anthology of Romanticism*, p. 232.

我們對生活中的事無計可施。在你瞭解之前，事情就已結束。一旦它們結束，它們就會迫使你做其他事情，直到最後每件事情都橫亙在你及你想成為的人之間，然後你便永遠失去了你真正的自我。[7]

古希臘人在兩千五百年前就察覺到了這種分裂，雖然希臘悲劇裡的人物有時候會做壞事，但他們並不邪惡。他們是被自身不瞭解的事物所束縛的人。*hamartia* 這個詞（有時翻譯為「悲劇性的缺陷」，但我更喜歡把它翻為「受損的視野」）代表著他們做選擇時的視角。由於無意識力量與反射性反應的累積，做出選擇之後，後果就隨之而來。這些殘酷的戲劇對生命所描繪出的悲劇性感知表明了，做為個人戲劇中的主角，我們所有人都可能過著悲劇般的生活。我們會被不瞭解的事物所驅使。希臘悲劇的解放性力量在於英雄最終藉由受苦而獲得了智慧，也就是說，修復了內在真實（性格）與外在真實（諸神或命運）之間的關係。只有在我們沒意識到自主情結的角色，沒意識到自然本性與選擇間的不一致在持續擴大時，我們的生命才會是悲劇性的。

中年時多數的危機感就是由這種分裂的痛苦所造成。內在自我感與後天習得人格之間的差距太過巨大，以至於這份痛苦無法再加以壓抑或補償，於是發生了心理學家所稱的補償失效（decompensation）。人們會持續使用老舊的態度與策略，但它們已不再有效。事實上，中年的壓力症狀值得我們歡迎，因為它們不僅代表著深植於後天人格背後的本能自我，同時也是急切有力的更新訊號。

中年之路的轉變發生於習得人格與自性（Self）[8]的要求兩者之間的可怕衝突。有過此種經驗的人經常會恐慌地說：「我不認識自己了。」事實上，過去的人格將被未來的人格所替代。前者必須死去，也難怪會有這麼大的焦慮。人在心理上受到召喚，舊的自我死去，新的自我重生。

死亡與重生本身並不是終點，那是一條通道。我們必須走過這條中年之路，才能實現我們的潛能，並獲得熟年的活力與智慧。因此，中年之路代表著內在的召喚，從暫時的人格走向真正的成年，從謬誤的自我走向真實的道路。

7 原註5。*Complete Plays*, p.212.
8 譯註3。自性是榮格心理學的術語，它是自我（ego）的原型，心靈的中心，但也涵蓋了整個意識與無意識。它是一，也是一切，包含了所有兩極對立，彼此矛盾的經驗。它推動著個體化，使我們去遍嘗各種人生況味，以便走向完整。

2

中年之路的到來

中年之路是一個現代概念。在20世紀人類的生命長度突然增加之前，用托馬斯・霍布斯（Thomas Hobbes）的話來說，生命是「骯髒、野蠻與短暫的」[9]。20世紀初期，醫療照護系統的改變使預期壽命的平均水準來到了四十歲。人們只要去美國早期的墓地走走，就可看到整排悲慘的兒童墳墓，他們死於各類的發燒，包括瘟疫、瘧疾、白喉、百日咳、天花和斑疹傷寒等疾病，而當代的兒童都已透過疫苗接種得到了預防。（我還記得我所在的十萬人口城市因為爆發小兒麻痺的緣故，除了基本的交易活動外其餘空間皆被關閉，人們禁止上公園、禁止看電影與游泳。）

除了生命長度的限制外，那些活得比較久的人也受到社會體制的有力控制，包括教會、家庭和社會習俗。（在我小時候，人們會用這樣的語氣指著離婚的人說：「那裡來了一個殺人犯」。）性別認同既清楚又絕對，這同時傷害了女性與男性。家庭與倫理傳統提供了根基感，有時也提供了社群感，但也滋生了同質性，傷害了獨立性。人們期望女孩子結婚、相夫教子，成為維繫與傳遞價值的系統中心。男孩子則被期許長大後繼承父親的角色，養家餬口，同時支持和擁護價值觀的延續。

這些價值觀在過去與現在都值得讚許。但是，沉重的體制期望也帶來了巨大的精神暴力，使人們飽受痛苦。人們不應在不了解某段關係的情況下，為50年的婚姻喝采。或許他們是害怕改變，害怕誠實和受苦。活在父母期望中的孩

9 原註6。*Selections*, p. 106.

子可能早已在成長過程中喪失了他自己的靈魂。長壽與複製價值觀本身並不全然都是好事。

在這個時代以前，成為自己這件事很少為人知悉，我們並不曉得自己是神祕且獨特的存在，價值觀可能與親友不同。即使是現在，有些人也把它當成是某種異端的想法。然而當代思潮最大的特點就是，心理力量由組織往個人轉移。比起任何單一的變化，更重要的是，現代世界的意義給予者已從政治權力與宗教體制轉移至個體身上。大一統的意識形態已經失去了它們的心理能量，這使現代人陷於孤立狀態。正如馬修・阿諾德（Mathew Arnold）在一個半世紀前的觀察那樣，我們徘徊在「兩個世界之中，一個死去了，另一個則無力誕生」[10]。不論是好是壞，心理引力已經從體制轉向了個人選擇。今天中年之路之所以存在，不僅是由於人的壽命增加，也是因為西方社會中的多數人接受了自己在塑造個人生活中扮演著主導的角色。

內部壓力與提前預警

如上所述，中年之路是以某種由下而上的內部壓力為開端。正如地殼板塊的移動，彼此摩擦並累積壓力後，結果爆發了地震。人格的板塊也同樣會產生碰撞。此時，後天習得的自我感，連同其感知與情結及對內在小孩的防衛，開始與尋求實現的自性產生摩擦。

這些地震波的漣漪可能會被防衛性的自我意識給打發，然而壓力卻不斷增長。通常人們在意識到危機之前，訊號與徵兆就已經存在了。工作帶來的憂鬱、酗酒、用大麻助性、外遇、頻繁換工作等等。所有這些都是為了推翻、忽略或者逃避內在的壓力。從治療的角度來說，這些症狀都是受歡迎的，因為它們不僅是指向傷口的箭頭，也顯示出有一種健康的、自我調節的心靈正在運作。

10 原註7。*Poetry and Criticism of Mathew Arnold*, p. 187.

榮格觀察到，神經症是「最終必須被理解成一個尚未找到意義的靈魂所受的痛苦」[11]。這並不是說人們應當追求沒有痛苦的生活，而是指痛苦已經發生在我們身上，人們必須去找到它的意義。

二次大戰期間，德國神學家迪特里希・邦霍費爾（Dietrich Bonhoeffer）因為反對希特勒（Hitler）而殉道。他從芬斯堡夾帶了一些信件和文章出來。在其中一篇文章中，他為一個重要的問題深深苦惱：上帝以某種方式創造了這個集中營及其可怕的環境嗎？他瞭解到，自己無法解答這個問題。但他明智地下了結論，他的任務是理解並穿越這層恐懼，並在這樣的環境中找出上帝的意義。[12]

所以，有人可能會說，在承受來自心理的內部壓力時，我們不可能找到生命的終極意義。但人必須找到衝突的意義，這些不同自我面向的碰撞，是中年之路的必然結果。這種命中注定的碰撞，這種死後的重生，會讓新生命從中誕生。在此過程中，我們被邀請重獲自己的生命，過得更有意識，並從痛苦中奮力找到意義。

中年之路的覺醒發生於我們的意識層面產生激烈衝擊的時候。我曾見過許多人走向中年之路的原因是罹患了致命的疾病或者喪偶。但也有人到了五六十歲還依舊無知，他們被自己的情結或集體價值所支配，將中年之路帶來的問題擋在門外。（我在下一章會加以舉例。）

與其說中年之路是一個時間事件，倒不如說是一種心理體驗。希臘文中兩個關於時間的單字，*chronos* 以及 *kairos*，指出了兩者的差別。*Chronos* 是事件順序的時間，*kairos* 是深度意義的時間。對美國人來說，1776年就不只是一個普通的年分，它決定了這個國家未來的歷史。[13] 當人們不能再將自己的生命視為單純的線性進程時，中年之路就發生了。我們保持無知的時間越久——這點在我們文化中很常見——我們就越容易把生命當成朝向某個模糊終點的連續進程，認為意義會在人生的終局顯現。當人在意識層面受到衝擊，作為時間垂直

11 原註8。"Psychotherapists or the Clergy," *Psychology and Religion: West and East*, CW 11, par. 497. [CW refers throughout to *The Collected Works of C. G. Jung*]

12 原註9。*Letters and Papers from Prison*, p. 210.

13 譯註4。美國大陸議會在這一年發表了獨立宣言，並在同年開啟了獨立戰爭。

面向的 *kairos*，就會貫穿生命的水平面向，他的生命將獲得一種深度的視角：「我究竟是誰？又要往哪裡去？」

當人不得不重新詢問關於意義的問題時，中年之路就開始了。這個問題曾環繞在孩子的心裡，但隨著時間而忘記。當人被要求面對這些曾經逃避的問題時，中年之路隨之展開。自我認同的問題復返，人們再也不能迴避這項責任。同樣地，中年之路也開始於我們自問這個問題的時刻：「除了我的過往及所扮演的角色之外，我到底是誰？」

由於我們心裡把生活看做自動呈現的當下，因此我們很容易被過去所定義和支配。因為我們已經習慣於制度化的角色，例如配偶、家長、工作者，因此我們會將自己的認同投射到角色上。因此詹姆斯・阿吉（James Agee）在他的自傳小說中這麼開頭：「我們談著田納西州諾西維爾的夏夜，當我住在那裡時，我成功地把自己偽裝成一個孩子。」[14]在我們還是孩子時，都曾提過各種大哉問，當時我們安靜地觀察大人，夜晚躺在我們的床上，對於活著感到憂喜參半。但學校的重擔、父母的教養與社會適應的過程，卻逐漸用單調的期待與文化規律取代了孩子對生命的驚奇。阿吉在序言的結尾中談到他被大人抱上床的情景：「把我當成一個親密且深愛著的家人，但〔他們〕不會，現在不會，也永遠、永遠不會告訴我，我是誰。」[15]

這類大哉問為我們的生命賦予了價值與尊嚴。如果我們把它忘記，就會將自己交付給社會習俗、逐漸落入平庸，最終絕望。如果我們有幸受夠了苦，我們就會不情願地意識到，這些問題再次復返了，並為此吃驚。如果我們夠勇敢，夠關切我們的生命，或許就能走過痛苦，拿回屬於自己的生活。

雖然有些人是透過災難性的事件才遇見了命中注定的這場相遇，但很早之前他們就收到了預警。我們腳下的大地輕微顫動，那很容易在一開始被忽略。地震預報是內部壓力的先導，它在我們充分意識到之前就存在了。

14 原註10。*A Death in the Family*, p. 11.
15 原註11。同上。

我認識一個人在他28歲的時候就達成了他所期待的事：博士學位、家庭、出版自己的書、一個很好的教職。他的首次預警是無聊與失去活力，但他多年後才發現。因此他做了多數人會做的事，那就是重複做一樣的事。在下個十年裡，他寫了更多書，生了更多小孩，轉任到更好的職位。這些事情都可以被合理化，因為從表面上來看，它們都富有生產力，而且我們也會把個人的認同感投射在這些傳統的職涯階梯上。當他37歲的時候，逐漸累積的憂鬱猛烈地爆發，他經歷了幾乎完全的精神衰弱，失去人生的意義。他辭掉工作，離開家人，到另一個城市開了一間維多利亞風的冰淇淋店。他是不是過度補償了先前的生活呢？他是否壓抑了中年之路召喚他去回答的有益問題呢？還是他剛好找到了度過第二人生的最佳解答？只有時間和他自己能給出答案。

地震波通常在20歲初期就會出現，但它們很容易受忽略。生活總是充滿瑣事，前方的路向我們招手，一切變化快速，付出更多很容易，因此我們忽略了警告。人必須走過同樣的軌跡好幾次，才會知道那是圓形還是橢圓形。只有當一個人反覆受苦，付出代價與副作用之後，模式才能被我們辨認出來。回首過往時，人們經常對當時的錯誤、天真與投射感到懊惱，甚至羞愧。但這就是第一成年期的樣子：充滿疏忽、膽怯、壓抑、錯誤的假設，且經常伴隨童年經歷的無聲作用。如果人不能向前邁進、犯下錯誤、一頭撞上牆壁，那麼他就永遠是個孩子。從後半生的角度來回顧生活，需要理解並原諒不可避免的無意識罪過。若是後半生不夠覺知，就會犯下不可饒恕的罪過。

中年之路的召喚有許多重要的徵兆或體悟，詳如後。它們會自動發生，不受自我的意志管轄。它們悄然無息地出現，日復一日，驚擾了內在孩童的睡眠，而他們對確定性和安全感的需要凌駕一切。但它們代表著生命不可避免地朝向未知與自我實現的運動，即服從於天性及神祕性且有目的的過程，而它毫不關心神經質自我的期待。

新的思維方式

如前所述，兒童期的特徵是魔法思維。兒童的自我尚未經歷社會的洗禮，對界線並不清楚。客觀的外部世界與內部的主觀世界經常混淆在一起。願望似乎能夠實現，只是多或少的問題。它們代表著兒童的自戀傾向，他們相信自己是宇宙的中心。這是一種自我膨脹的與幻想的思維，但對孩子來說，那完全健康而且美好。「我會身穿白紗嫁給王子。」「我會成為太空人。」「我會成為有名的搖滾明星。」（試著回憶一下你童年時的魔法願望，想想它怎麼影響了你的生活。）最重要的是，孩童的魔法思維會認為：「我是不朽的。我不僅會名利雙收，而且還會遠離老死。」這種思維會延續到十歲，儘管有些褪色。這種自以為優越與特殊的幻覺，會在其他孩子表達出不以為然時受到打擊。（當我還是個孩子的時候，我認為我會取代喬・迪瑪吉歐[16]〔Dimaggio〕成為紐約洋基隊的中外野手，唉，但神卻把必要的技巧送給了米奇・曼托[17]〔Mickey Mantle〕。）

經過青春期的痛苦與困惑，孩童的魔法思維受到了一定的磨損。然而未經考驗的自我依舊存在，並展現出我們現在所稱的英雄思維，它的特點是強烈的現實主義，但也帶有相當大的期望，將偉大成就的幻想投射於未來。人們可能會看見父母婚姻的遺憾結局並得出總結：「我懂得比他們多，所以會做得比他們好。」人們也可能依舊期待自己成為CEO，寫出偉大的美國小說，成為了不起的父母。

英雄思維很有用，因為人們若是懷疑自己無法通過眼前的試煉與失望，誰還能啟程走向成人之路？我還沒被邀請去對畢業生演講過，通常這類演講都很討厭，但若真有機會，我還是沒有勇氣說出真相。誰能忍心對這群殷切期待的臉孔說：「幾年後你可能會討厭自己的工作，你的婚姻像在牢籠，你的小孩會

16 譯註5。喬瑟夫．保羅．迪瑪吉歐（Joseph Paul DiMaggio，1914-1999），是美國紐約洋基隊的明星中外野手，曾經三度獲得年度MVP，十三度獲選進入明星賽，被譽為「如畫一般完美的球員」。曾與知名影星瑪麗．蓮夢露（Marilyn Monroe）結婚，但婚姻僅維持10個月。

17 譯註6。米奇．查理斯．曼托（Mickey Charles Mantle，1931-1955），美國紐約洋基隊的明星中外野手，曾三度獲得年度MVP，十六度獲選進入明星賽，並擁有7枚世界大賽的冠軍戒指。被視為是喬瑟夫．迪瑪吉歐後下一個洋基隊的明星球員。

令你苦惱，你可能會感到生活充滿許多痛苦與疑惑，多到你想為它寫一本書。」誰能對那些天真的追夢人說這些話？即使他們會和自己的父母走在同一條充滿困惑與崎嶇的道路。

英雄思維，連同它的希望與投射，幾乎沒有受到世界運作的方式所考驗，它幫助年輕人離開家庭，投入他們必須投入的生活。年輕的華茲華斯在英吉利海峽對岸目睹了法國大革命的開端，他寫下「年輕就是天堂」[18]。幾年之後他將鄙視拿破崙政權奪走了革命的成果。而疲憊不堪的戰士T・E・勞倫斯（T.E. Lawrence）則看到他貧瘠的希望被和平會議上的老人給出賣。但年輕人依舊向前走，如同他必然的命運：跌倒，而後重頭來過，笨拙地走向與時代的約定。

當孩童期的魔法思維與青春期的英雄思維不再與所經歷的生活一致時，中年之路就開始了。那些35歲以上的人經歷了大量的失望與心痛，比起青春期的愛戀破滅有過之而無不及。任何處於中年的人都曾目睹投射、希望與期待破滅，經歷過天賦、才智及勇氣本身的限制。

因此，中年之路的思維特徵可以通俗地稱為現實思維。現實思維給了我們洞察力。希臘悲劇曾向我們演示過，主角最終雖然會變得富有，但卻迎來了毀滅。因為他回到了與諸神的良好關係中。莎士比亞（Shakespeare）筆下的李爾王（King Lear）並非壞人，他是一個笨蛋，因為他不知道什麼是愛。他對諂媚的需要矇騙了他，儘管他變得更富有，但卻付出了肉體和精神的代價。

因此生活召喚人們採取一個不同的角度，沉澱我們年輕時的傲慢與自大，教導我們如何區分希望、知識與智慧。希望是基於可能發生的事。知識是有價值的經驗教訓。智慧通常使人變得謙卑，不再膨脹。舉例來說，蘇格拉底（Socrates）的智慧就在於他瞭解自己的無知。（但他的「無知」卻遠勝過他同時代及我們這個時代的智者的確信。）

中年期的現實思維有著必要的目標，亦即恢復平衡，使人和宇宙重建謙卑但有尊嚴的關係。我有一個朋友曾說，他知道自己的中年之路是何時開始的。

18 原註12。"The Prelude," *Poetical Works of Wordsworth.* 譯者註：華茲華斯原詩應為「年輕就是天堂」，該詩英文為「But to be young was very heaven!」，但作者此處寫成「to be young and to be there was very heaven.」，或許是筆誤，今依華茲華斯原詩進行修改。

它源於一個想法，腦中的一句話，當中的真理不言而喻。那個想法是：「我的生命永遠不會完整，只會由不同部分所拼湊。」他的心在向他宣告，年輕時膨脹的期望永遠不會達成。認識這件事可能會讓人感到失敗，但有些人可能會因此受到觸動並進而提問：「那麼，我需要做些什麼呢？」

認同的變化

假設有機會活過完整的一生，人們會經歷一系列不同的身分認同。藉由盡量擁有穩定的生活來應對存在性焦慮，這是自我的自然計畫。但是生命的本質顯然會假定並要求改變。大概每七到十年左右，我們的身體、社會與心理就會出現重大的變化。比如，你可以想想自己在14、21、28、35歲時的模樣有何不同。儘管我們的發展都分布在一個連續的向度中，人人不同，但我們確實有共同的階段要走過。為這些週期進行概括，並辨識出每個階段的社會與心理議程是可行的。儘管自我傲慢地假定它是生命的主宰，而它的期待也將持續好些年，但顯然地，有一個自主的過程，一個不可避免的辯證歷程，將帶來重複的死亡與再生。承認變化的必然性並加以配合，這是美好且必要的智慧，只是我們天生傾向於抗拒成就的消逝，想要加以留住。[19]

幾年前，蓋兒・夏希（Gail Sheehy）的著作《過渡階段》（*Passages*）頗受歡迎，這證實了週期性變化這個主題的重要。然而，正如米爾恰・伊利亞德（Mircea Eliade）、喬瑟夫・坎伯（Joseph Campbell）及其他社會學與人類學家的觀察所指出的，我們的文化已經失去了神話的地圖，而後者能幫助我們在更廣大的脈絡中自我定位。如果失去了諸神的願景與他們的精神世界，現代人就會漂流在不同的人生階段，沒有指導、沒有楷模，也沒人幫忙。因此，召喚死後重生的中年之路經常以恐懼和孤獨的方式被人所體驗，因為不再有通過儀式，也沒有同樣無助的同儕可以提供協助。

19 原註13。無意識經常會承認抗拒並召喚我們改變，例如夢境中出現房子被淹沒或損毀，汽車被偷或故障，放著身分證的錢包遭竊或弄丟。這類意象都指出舊的自我狀態正變得不合時宜。

人生中除了許多要求某種形式的死亡的次階段外，還有四個比較大的階段，它們可以明確界定人的身分認同。

第一個認同階段是童年，其主要特徵是自我對父母於現實世界的依賴。生理依賴顯而易見，但心理依賴更為巨大，因為孩子會認同他的家庭。無論各部落在地域、文化和意識型態上有多不同，他們都會發展出深具意義的通過儀式，幫助成員從兒童期的依賴走向成人期的獨立。

雖然啟蒙的方法存在著差異，但傳統的通過儀式通常包含六個階段。簡單來說，它們是：

(1) 與父母分離，通常會藉由儀式性的綁架來達成；
(2) 死亡，殺死兒童期的依賴；
(3) 重生，賦予個體新生命，儘管他還未發展成熟；
(4) 教導，告訴新成員關於部落的原始神話，給予他精神上的定位，以及狩獵、生育小孩等知識，這是成人生活的必備；

(5)考驗，最常見的是進一步的分離，以便使新成員學到他內在有股力量可以面對外界的任務；

(6)回歸，人們帶著必要的知識、神話基礎與內在力量重新進入社群之中，以便扮演某個成熟的角色。新成員通常會被賜予一個新的名字，以配合這場激進的轉變。

啟蒙儀式希望達成的目標是：與父母分離；傳承部落的神聖歷史，以便提供精神的根基；為成年期的責任預作準備。在我們的文化中，已經失去了進入成年期的有意義通過儀式，因此許多年輕人的依賴期都延長了。我們的文化已變得如此錯綜複雜，無論如何已喪失了神話的停泊處，我們只能在20世紀傳遞物質主義、享樂主義以及自戀的信仰，連帶某些電腦的技能給下一代。這些事物都無法提供救贖，無法提供與大地的連結及其偉大的律動，無法對我們的中年旅程提供深度或意義。

第二個認同開始於青春期。但失去了傳統通過儀式的協助，年輕人會在精神上感到困惑，其自我也變得不穩定。新生的自我具有相當的可塑性，很容易受到同儕與大眾文化的影響，這兩者都由困惑的青少年所組成。（許多治療師認為，青春期在北美洲已從12歲延伸到28歲。在歷經26年的教授生涯後，我得出結論，大學的文化角色主要是作為具保護性的容器，讓學生得以充分鞏固他們的自我，以便能實質性地從對父母的依賴中擺脫出來。事實上，他們對父母的愛與恨多數都轉移到了自己的母校。）

因此，第二階段的主要任務是鞏固自我，讓年輕人獲得足夠的力量離開父母，進入更廣闊的世界，並為了達成自己的生存與慾望而奮鬥。這樣的人必須對世界說：「雇用我！和我結婚！信任我！」然後證明自己值得對方這麼做。有時人在中年時還未能採取決定性的步驟來遠離依賴並進入世界。有些人依舊跟父母同住，有些人缺乏必要的個人力量與自我價值來開展親密關係，還有一些人則缺乏足夠的力量與決心來完成工作任務。對這些人來說，身體可能已經來到了中年，但他們的深度時間（*kairos*）仍然處於童年。

我把大概12歲到40歲這段時間稱為第一成年期。那些內心深處知道自己缺乏清晰自我感的年輕人，只能試著把自己扮演成其他大人。有些人以為效法自己的父母，或者拒絕成為他們的父母，就可以成為大人，會有這種錯覺是可以理解的。如果人們有一份工作，結了婚，成為了父母與納稅人，那麼他們肯定會認為自己是個不折不扣的成年人。但事實上，發生在他們身上的事情是，兒童期的依賴部分被隱藏了起來，並投射在成人期的角色上。這些角色有點像平行隧道。人們離開青春期走向成年時，會假設他們能藉此確認自己的身分，提供滿足感，並安撫對未知的恐懼。第一成年期事實上可能會延伸至人的一生，它是暫時性的存在，缺乏使人真正成為一個個體的深度與獨特性。

這些隧道並不等長。只要被投射的身分認同與依賴性依舊有效，隧道就會持續下去。你不可能告訴一個有好工作、結了婚且準備養育第二個小孩的30歲成人說，他還處於延長的兒童期。父母情結和社會提供的角色權威有強大的力量，足以讓任何人把探索現實生活的投射吸引到它那裡去。如前所述，自性，這個人人皆具的神祕歷程會召喚我們成為自己，而它經常透過症狀的方式顯露自身，例如喪失活力、憂鬱、突然暴怒或過度消費，但投射的力量如此巨大，以致人們可能會將這趟旅程中所遭遇的麻煩問題置之不理。這是多麼可怕啊！當投射失效，此人就無法再迴避自性的挑戰。那時，人們就得承認自己的無能，他失控了。自我從不受控，它是被父母與集體情結的能量所驅動，由對社會角色的投射所支撐，而這些投射是由文化所提供的，專門給那些即將成為大人的人。只要這些角色還具有規範性的力量，只要這些投射還能運作，個體就能成功遏止與先天的自性相接觸。

第三個認同階段是第二成年期。它會在人的投射瓦解時產生。背叛感、期待破滅、空虛以及意義喪失，都會隨著投射的瓦解而出現，而這產生了中年危機。然而，就是在此危機中，人獲得了成為個體的機會，超越了父母、父母情結以及文化習慣的決定論。很不幸地，心靈的退行[20]力量以及對權威的依賴，經常使人陷於這些情結的牢籠，也因此凍結了發展。在對老人家進行心理治療時會遇見兩類明顯的議題：他們得面對失落和預期中的死亡。對當中的某些人來說，生命依舊是一個挑戰，值得好好奮鬥；但對其他人來說，生命則充滿了苦澀、遺憾與恐懼。前者無疑是那些曾有過早期掙扎、經驗過第一成年期的死亡，並接受生命更大責任的人。他們會更有意識地度過餘生。那些迴避第一成年期死亡的人則被第二成年期所困擾，害怕他們的生命缺乏意義。

第二成年期的特徵會在後面的章節充分討論。但這裡值得注意的是，只有當暫時性的身分認同被拋棄，假我死去，第二成年期才會開啟。這些失落所帶來的痛苦會在隨之而來的新生活獲得補償，但處於中年之路的人可能只會感覺到瀕死的痛苦。第四個認同階段是人的必死性，包含學習與死亡的神祕共處，這將在後文中討論，但在第二成年期，接受死亡的現實是必須的。

第一成年期之死的好消息是，人能夠重拾自己的生活。這是將遺留在童年期純真時光的東西加以尋回的第二次機會。從直面死亡而來的好消息是，我們的選擇確實相當重要，而我們的尊嚴與深度也確實源於海德格（Heidegger）所說的「向死的存在」[21]。海德格對本體論處境的定義並非病態，而是承認了我們擁

20 譯註7。退行（regression），意指退化，但榮格心理學認為，在看似退化的過渡階段中，人格其實正在蓄積重生的力量，人可能會犧牲原本的安全感，但將會變得更為獨立。作者同樣採用 regression 的積極意義，因此本書譯為退行。

21 原註14。*Being and Time*, p. 97.

有朝向未來的天性，承認了生與死是一個辯證過程。

另一種看待這些轉變中的認同的方式是去為其不同的軸心做分類。在第一階段，亦即兒童期階段中，運作軸心是親子關係。在第一成年期裡，軸心則位於自我與世界之間。自我是一個人的意識存在，它會奮力地將自己投射在世界中，並在現實世界中創造屬於自己的舞台。兒童期依賴此時已被趕進無意識裡，並投射在不同的角色中，而人也會優先在外部世界尋找定位。在第二成年期，亦即正處於或已走過中年之路的階段，軸心連接著自我與自性。對意識來說，它很自然地認為它知曉並主導一切。當其霸權被推翻後，謙虛的自我便開始了與自性的對話。自性或許可被定義為有機體的目的論追求。這是一個我們永不可能理解的奧祕，而它的展開將提供我們短暫一生中所體現不到的壯麗。

第四個軸心是自性—上帝，或者你願意，稱自性—宇宙也行。這個軸心被宇宙的奧祕所建構，它超越了個人所能體現的神祕。人若少了與宇宙劇本的聯繫，就會受限於無常、膚淺與枯燥之中。由於多數人所繼承的文化並未提供神話的中介，無法將自我安置在一個更廣大的背景中，因此個體更加需要擴大自己的視野。

這些轉移中的軸心描繪出靈魂的巨變。當我們不自覺地從一個軸心被掃至另一個軸心時，困惑，或者恐懼就會應運而生。但我們人性的本質似乎會強迫我們在這齣偉大的戲劇中走向越來越宏大的角色。

投射的撤回

投射是心靈的基本防衛機制，一種源於無意識將其內容投射出去的策略。（「投射」這個詞源於拉丁文的 *pro + jacere*，意指「在之前丟」[22]。）榮格曾寫道：「一般而言，投射的心理原因經常是被激發的無意識在尋求表達。」[23] 榮格在他處說道：「投射從來不是人為的，它會自己發生，就在那裡。在我身外的黑暗中，我發現了屬於我自己的內在或心理生活，我卻沒有認出它來。」[24]

22 譯註8。原文為「to throw before.」，可理解為在我們意識到之前就丟出去了。
23 原註15。"The Symbolic Life," *The Symbolic Life*, CW 18, par. 352.
24 原註16。*Psychology and Alchemy*, CW 12, par.346.

面對恐怖的外在世界與未知的廣大內在時，會自然地將焦慮投射給父母，並相信他們是全知而且全能的。當我們被迫離開父母親時，我們會試著將知識與力量投射給體制、權威人物以及社會化的角色（也就是我們上面提到的各種隧道）。我們假定只要像大人物那樣行動，我們就能成為大人物。剛進入第一成年期的年輕人並不知道，大人物經常只是擁有大人身軀與大人角色的孩子。有些人甚至會相信他們就是這個角色，那些比較不膨脹的人會察覺到自己的不確定感，而那些正處於或走過中年之路的人則會體驗到投射的瓦解。

在許多可能的投射中，最常見的投射對象是婚姻、教養和生涯體制。關於投射在婚姻中扮演的角色，我們稍後會加以討論，但也許沒有哪種社會結構和婚姻一樣，有這麼多的無意識包袱。在婚姻的祭壇上很少人意識到自己巨大的期望。沒有人會大聲說出這些隱藏的期望：「我希望你讓我的生活有意義。」「我希望你永遠陪在我身邊。」「我希望你讀懂我的心並滿足我所有的需求。」「我希望你能包紮我的傷口並填補我生命的缺憾。」「我希望你能使我獲得完整，讓我圓滿，並療癒我受傷的靈魂。」就像前述那些不能在畢業典禮上說的真相一樣，這些隱藏的期望也不能在婚禮中說出口。要人承認這些不可能滿足的期待實在太尷尬了。多數婚姻是被這類期待壓垮而結束的，而那些沒有結束的婚姻則經常傷痕累累。距離、想像與投射共同餵食著愛情，婚姻則啜飲著相似、鄰近與共同性。

羅伯特・強森（Robert Johnson）在《他》（*He*）這本書中指出，多數現代人已不再熟悉古老的神話體系，並將靈魂的需要轉移至愛情之中。[25]沒錯，從兒童期開始，我們內在就攜帶著愛人的形象，並把他投射在那些能接受我們無意識素材的人身上。正如波斯詩人魯米（Rumi）所言：

自我首次聽見愛情故事起，我便開始尋找你，
不知道這有多盲目。
愛人並非最終在某處相遇，
而是一直在彼此心裡。[26]

25 原註17。*He*, pp. 82-83.
26 原註18。參見 Sam Kean and Anne Valley-Fox, *Your Mythic Journey*, p. 26.

每天和另一個人過生活會自動消磨掉我們的投射。我們對這個人交付自己的靈魂，在親密關係中向他敞開心胸，結果卻發現他只是跟我們一樣的凡人，會恐懼、有需求，也會投射出沉重的期待。任何親密關係都承載著巨大的負擔，因為它們和曾經是我們親密他者（Intimate Other）的父母很相似。我們並不希望把伴侶當成父母，畢竟，我們花了許多力氣想遠離父母。但愛人卻成為了那個親密他者，成為我們不知不覺中投射出同樣需求與動力的對象。那麼，人們最終會盡量選擇某個很像或不像他們父母的人就不足為奇了，因為父母情結總是在影響我們的選擇。當手持《聖經》的伴侶宣告婚姻將使他們遠離母親與父親時，[27]這遠比他們想像的要困難得多。因此，對親密他者的滋養、賦能與療癒的投射只能被部分撤回。無聲的希望與日常的現實，這兩者間的差異在中年之路帶來了相當大的痛苦。

另一個接受了沉重的身分投射的角色是親職。我們中的多數人相信，自己能避免父母親所犯的錯誤。但我們都無可避免地將自己未活出的生命投射給子女。榮格觀察到，一個孩子所承受的最大負擔，就是父母親未活出的生命。直升機父母就是當中的典型，但其同樣潛在的危害是父母可能會忌妒孩子的成就。因此會用持續不斷的訊息，公開或隱藏的都有，來轟炸這個孩子。孩子會承受父母的憤怒與傷害，並遭受各種操弄與脅迫的痛苦。最糟糕的是，我們可能會無意識地期待那個孩子要讓我們高興，實現我們的生命，並將我們帶往更高的成就。

此時我們踏上了中年之路，我們的孩子來到了青春期，長著粉刺、板著臉、叛逆，且通常就像我們對待自己的父母那樣沒禮貌，他們生氣地拒絕我們的投射。如果我們理解父母情結對個體走向成人之路的旅程是個阻礙，充滿許多困難和危險，我們就能明白青少年拒絕成為父母的延伸是正確的。然而，對當個好父母的期望與家庭生活的摩擦在中年之路上造成了進一步的痛苦。如果人能回憶起自己曾希望父母親知道的事，也就是孩子只是藉由我們的身體與生活來通往他們生命的奧祕，這樣的失望才可能平息。當處於中年期的父母能接受這一點，教養中的矛盾才會取得合適的觀點。

27 原註19。Mark 10: 7-8.

佛洛伊德（Freud）相信，工作與愛是心智健全狀態的必要條件。我們的工作代表著產生意義或否決意義的重要場合。如果梭羅（Thoreau）很久以前所說的是對的，他說多數人活在安靜的絕望之中[28]，那麼其理由肯定是，工作對多數人來說不僅有失尊嚴，而且士氣低落。即使那些取得夢想職位的人，也常為倦怠所苦。我認識許多成為商業經理或資訊工程師的學生，他們之所以這麼做是因為他們的爸媽、監護人或這個浮躁的社會似乎在要求他們這麼做。但無論是那些達成夢想的人，或那些被迫滿足他人期待的人，煩悶感都會在我們的職涯中滋長。對每個有志在生涯階梯上大展拳腳的人而言，上頭都有一個身心耗竭的高管在渴求著不同的生活。

人的生涯就和婚姻與親職一樣，是下列投射的主要載體：

(1) 身分認同。藉由某個明確專業而得到確認。

(2) 情感滋養。人被多產的工作所餵養。

(3) 超越性。人藉由接續不斷的成就來克服精神上的渺小。

當這些投射被消融時，人對使用自己精力的不滿再也無處安放，那麼他就來到了中年之路。

婚姻越是傳統，性別角色越是固定，伴侶就越有可能感受到另一個方向的召喚。丈夫已來到了職涯的頂峰，開始把公司看成一座停車場。他會很高興地慢下腳步準備退休。而妻子則將自己一生奉獻給了家庭，她感覺受騙，不被賞識而且未曾發展，想回學校或者重找工作。對男性來說，中年的工作議題經常導致憂鬱症，以及希望與野心的破滅。而重回職場的女性則會對自己能否勝任，也對自己的個人能力感到焦慮。同樣地，這裡有好消息，也有壞消息。壞消息是主要認同的投射領域已經讓每個人都感到精疲力盡，並希望有個新開始。好消息是此種不滿所帶來的更新將會來臨，而個體潛能中的另一個面向將會向我們叩門，使人人都能受益。更壞的消息是，原先的投射可能只是被另一個投射給取代，但即使如此，人也與自性的約定更靠近了一些。如果配偶對改

28 原註20。*The Best of Walden and Civil Disobedience*, p. 15.

變感到恐懼，並因此抗拒改變，那麼，他肯定會與生氣且憂鬱的另一半生活在一起。在婚姻這個大鍋中，改變不見得會往好的方向去，但改變必然會發生。否則婚姻就無法維繫，特別如果是它阻礙了某一方的成長的話。

另一個必須在中年期消融的投射是把父母親的角色當成象徵性的保護者。通常在來到中年後，父母親的力量已經衰退或消失。即使親子關係有困難或有隔閡，父母依舊象徵性地提供了一道看不見的心理柵欄。只要父母的形象依舊活躍，對抗未知與危險世界的心理緩衝就會存在。若它被移除，人經常會感覺到焦慮在一旁吐息。我有一個個案，她在40歲出頭時經歷了恐慌發作，因為她當時70多歲的父母決定和平離婚。他們的婚姻從沒好過，這她也知道，但那依舊提供她一個無形的護盾去抵抗廣大的世界。即使這件事是在他們過世之前發生，但離婚依舊打破了這個無形的屏障，讓她的中年更感孤獨與被遺棄。

雖然許多種類的投射未能成功活過第一成年期，但關於婚姻、孩子、職涯與作為保護者的父母等期待之事落空，則是最值得一提的。

在瑪麗—路薏絲・馮・法蘭茲（Marie-Louise von Franz）的《榮格心理學的投射

與重聚》（*Projection and Re-Collection in Jungian Psychology*）中，她提到了投射的五階段。[29]

第一，人深信內在的（無意識）經驗是外在造成的。

第二，人慢慢認識到，他所投射的意象（例如：陷入情網）與外在現實有落差。

第三，人需要承認這個落差存在。

第四，人被迫下結論，自己確實在一開始犯了點錯。

第五，人必須在內心中尋求這個投射能量的來源。

最後一個階段，亦即尋求投射的意義，經常包含著尋求更偉大的自我瞭解。

投射的侵蝕，及其所代表的希望與期待的撤回，經常使人痛苦。但那是獲

29 原註21。*Projection and Re-Collection in Jungian Psychology*, pp. 9ff.

得自我瞭解的必要前提。當外在世界能拯救我們的希望破滅後，才會產生應該自我拯救的可能性。對每個蹣跚地尋求成人世界援助的內在孩童來說，都會有一個潛在的大人能為那個孩子負起責任。[30]藉由對投射內容的覺察，人就往擺脫兒童期邁出了一大步。

身體與時間感的變化

第一成年期的普遍態度是將年輕時的膨脹感投射給模糊的未來。當精力疲乏之時，這件事就很容易消失。或許前一晚沒有睡好，人就會發現自己的表現雖然沒變，但精神恢復得有限。接著會出現輕微的疼痛和持續的緊繃。

年輕人通常不把身體當一回事。它就在那裡為我服務並提供保護，需要時就可以大肆利用，反正它會自我修復。但突然有一天，人會發現，有個不可避免的轉變竟不顧我們的意願發生了。身體變成了敵人，成為我們投射的英雄劇中不情願的對手。心裡的希望依舊，但身體再也無法像以前那樣回應。正如葉慈（Yeats）的哀嘆：「將我的心燒毀，他因慾念而成病／受縛於一隻垂死的動物。」[31]身體曾是自我謙卑的僕人，此時卻成了陰沉的對手，人感覺自己被身體給捕捉。無論精神多麼希望遨翔天際，阿佛列・諾斯・懷海德（Alfred North Whitehead）所說的「身體的連動性」（the withness of the body）[32]都會將人喚回大地。

時間也是如此，那曾經可供無止盡的玩樂之地，永遠復返的陽光，同樣成為了陷阱。突如其來的轉捩點，使人不僅認識到自己的有限與必死，也認識到人永遠無法完成心裡想要追求的成就。「只有部分的拼湊，永遠不會完整。」我的朋友這麼下結論。美好的身體，是埋屍之所；無盡的夏日，突然成為凜冬，這種對有限性與不完整的感知，宣告了第一成年期的結束。狄蘭・湯瑪斯（Dylan Thomas）以難忘的美麗詩句寫下了這樣的轉變：

30 譯註9。意指求助者與拯救者都在我們的內心，我們的心中有內在孩童，就同時有內在大人的存在。
31 原註22。*The Collected Poems of W.B. Yeats*, p.191.
32 原註23。*Nature and Life*,p. 126.

我心無憂，在羔羊般潔白的日子，時間會在我手的陰影下牽著我
攀上滿是燕子的閣樓，
月亮正在升起，我並不急著睡
我應該聽見他與高處的原野一起飛翔
醒來後農場已經飛離了這片沒有孩子的土地。
噢，在他的慈悲中，我曾年輕快活，
時間使我長青與死亡
儘管我身披鐐銬也如大海般歌唱。[33]

希望消退

當時間被突然收緊，人知道自己是個凡人時，生活的有限性突然變得不可忽視。童年期的魔法思維，與延長的青春期，也就是第一成年期的英雄思維，

被證明不足以面對現實生活。擴張且專斷的自我將童年期的不安全感錯誤地轉變為誇大感。「名聲．．我要長生不老，我要學會飛翔。」新生自我對不朽與成名的渴求，恰與兒童期對世界的恐懼與無知成正比。同樣地，中年的酸苦與憂鬱也與投注在童年幻想的能量彼此相關。

自我需要在浩瀚且未知的宇宙中建立一個立足點。就像珊瑚礁是由骨骼的碎片累積成的，自我也蒐集了經驗的碎片並建成一個結構，以便在巨浪中保持穩定。自我意識很自然地得出了結論，它必須抵擋生活向其席捲而來的壓倒性經驗，並用誇大感來補償不安。在不安感中，偉大妄想可以保護我們在睡夢中不被黑暗所侵擾。但是在平凡中掙扎，卻是中年人的苦澀。即使是那些頗具聲望的人，那些功成名就的人，那些把小孩逼瘋的人，也跟其他人一樣，無法從侷限、消風以及平凡的感受裡豁免。如果權力與特權能給我們平安或意義，或

33 原註24。"Fern Hill," in *Collected Poems*, p.180.

甚至能延長滿足，那麼我們所投射的嬰兒期願望還會有一點回報。

另一個對年輕人而言與自我有關的希望，是對完美關係的企盼。雖然人們曾看過周遭有許多不完美的關係，但我們仍認為我們比較聰明，能做更好的選擇，更能避免落入陷阱。《古蘭經》說：「你認為自己無需經受前人曾面對的考驗，就能進入至福的樂園嗎？」[34]我們認為那些建議只適用於其他人。這個主題我們稍後會再加以論述，中年期望的第二次大消風就是親密關係的侷限。那個能滿足我們需求、照料我們、總是陪伴我們的親密他者，現在看起來就像個普通人，和我們一樣，有各種需要，並且投射了幾乎相同的期望在我們身上。婚姻通常在中年期結束，而其核心原因就是童年的巨大期望被加諸在兩人之間的脆弱結構上。其他人不會也無法滿足內在小孩的誇大需要，因此我們感覺到遺棄與背叛。

投射體現出我們內心無人認領或者未被認識的事物。生活自有辦法消解投射，而人必須在失望與寂寞中，開始為自己的滿足感負責。外面無人可以拯救我們，照顧我們，或療癒傷痛。但我們內在卻有一個很棒的人，一個我們幾乎不認識的人，他已經準備好且願意成為我們永遠的伴侶。只有當我們承認童年期的希望與期待已然破滅，並承擔起為自己尋找意義的責任時，第二成年期才會開始。

我認識一個男人，他承認自己的核心議題是嫉妒。從定義來看，嫉妒是認為別人擁有了他所渴望的東西。這個男人曾在童年期遭受真正的剝奪，他因此負面地定義自己：「他人的完整就是我的缺失。」認識到童年無法再來，過去無法改變，沒人能神奇地填補內在的空洞，這肯定讓人痛苦。但這卻開啟了通往療癒的可能道路。困難的部分是去相信人的心靈足以療癒它自己。人遲早得信任自己擁有的資源，否則就會持續錯誤地追求兒童期幻想。放下那些永生、完美與誇大的幻覺會對人的精神與親密關係造成負面傷害。然而，在體驗到自我與他人的疏離時，那份孤獨將使我們認出內在本具的宏大。

34 原註25。引用自 Joseph Campbell, *The Power of Myth*, p. 126.

神經症的體驗

正如浪漫愛可以被視為一種暫時性的瘋狂，使人們基於短暫的情緒做出相守一生的決定，中年之路的騷亂也有點像精神崩潰，人會在其中表現得像個「瘋子」或者變得離群索居。如果我們瞭解到，此人對生活的假設正在崩塌，暫時性人格的各種策略面臨失調，世界觀也分崩離析，那麼他的痛苦掙扎就是可理解的。事實上，人們甚至可由此得出結論：如果我們理解了情緒的背景，世間就無所謂的瘋狂。情緒並不是我們選擇來的，是它們選擇了我們，它們自有其邏輯。

精神病院中有個病人重複地對著窗戶丟椅子。他因此被認定想要逃跑，從而受到捆綁。但是在仔細地詢問過後，結果竟是他認為空氣正從他的房間內被抽走，所以他需要呼吸新鮮空氣。他心理上的封閉感象徵性地轉化為幽閉恐懼症。考慮到這個情緒前提，他想呼吸更多空氣的企圖很合乎邏輯。當他搬到更寬敞的地方時，就覺得安全多了。他的行為並非瘋狂。他很合邏輯地把封閉與窒息的心理經驗給演示（acting out）了出來。

因此，在中年之路上，當大量的情緒突破自我邊界時，我們經常會具體化那些原先象徵性受到的傷或忽略。有個男人和他的祕書私奔了，他很害怕自己的內在生命，也就是他遺失的女性面向會永遠消失。[35]因為這種需要在很大程度上處於無意識狀態，因此他將遺失的內在女性投射到外在的女人身上。某個罹患憂鬱症的女人將她內在不受歡迎的憤怒轉移，攻擊身邊唯一親近的人。其他人可能會認為她瘋了，但她沒有。他們只是在現實地圖無法匹配內心疆域時，對困擾自己的巨大需求與情緒做出回應。

有一個絕妙的例子可以用以說明有意義的瘋狂，那就是菲利普．羅斯（Philip Roth）的短篇故事《狂熱者伊萊》（*Eli, the Fanatic*）[36]。故事的場景是二戰之後，那時世界上到處都是無家可歸的人，伊萊是一名美國郊區的知名律師。

35 譯註10。在榮格心理學中，男性的內在生命指的是阿尼瑪（anima），她是寓居於男性內部的女性靈魂，容易被投射於現實中的女性身上。

當一群集中營的生還者被安置在他的小鎮時，伊萊被派去要求他們改變自己的種族認同。但他卻反過來發現了自身認同的空虛，以及他與自身文化傳統的淺薄連結。最終他賣掉了自己的布克兄弟（Brooks Brother）西裝，換上了老拉比的破舊服裝，並走到大街上吟頌著自己的聖經名字。故事的最後一幕描繪了他受到監禁並注射了強力鎮定劑。他被判定發瘋，但事實上他只是拋棄了他的暫時性認同，擺脫了躋身上流的陷阱和投射，將自己重新安置於古老的傳統之內。由於他的新身分和大眾所接受的模樣並不一致，他就被認為是「瘋子」，而他的新意識則需要被治療。我們可以像華茲華斯評論布萊克（Blake）那樣來評論他：「有些人認為他瘋了，但相較於其他人的理智，我更喜歡這個人的瘋狂。」[37]

後天習得的自我及其策略與投射，它和隱身在個人史之下的自性的要求，兩者間的裂縫越來越大，這樣的經驗眾所周知，因為每個人都能感覺到與自己的疏離。「神經症」這個詞，是由18世紀的蘇格蘭醫生卡倫（Cullen）所創造，用以說明我們經驗到的症狀是神經性的。但神經症，或所謂的精神崩潰，和神經學一點關係都沒有。它只是用來描述內在心理分裂，以及隨之而來的心理抗議的術語而已。我們每個人都有神經症，因為我們都會經驗到「我們是誰」與「我們應該是誰」這兩者的分裂。神經症的症狀會表現為憂鬱、物質濫用或破壞性行為，而人們會盡量地加以否認。但症狀會重新聚集能量並開始自主運作，脫離自我意志的掌控。就像我們告訴一個節食中的人不要餓肚子一樣，要求症狀離開也是徒勞的。即便總是事與願違，症狀仍然有其意義，因為它以象徵的形式表現出我們渴望想要表達出來的東西。

受症狀所驚嚇的個體會希望重獲曾經運作良好的自我感。但治療師知道，症狀是有用的線索，可以找到受傷或被忽略之處，並為後續的療癒指出方向。治療師還知道，當我們能面對中年神經症的體驗時，就會迎向巨大的轉變。正如榮格所言：「神經症的爆發並非偶然，一般來說，它最為關鍵。它是要求重新做出心理調適以及進行新適應的時刻。」[38]這暗示著，是我們的心靈組織了

36 原註26。參見 *Goodbye, Columbus and Five Short Stories*.
37 原註27。Martin Price, *To the Palace of Wisdom*, p. 432.

這場危機，製造了這個痛苦，而那全是因為傷害已經造成，改變必須發生。

我經常想起一個女人的夢，她在65歲時接受了第一次分析，就在她丈夫去世後。她在一段有力且積極的父女關係影響下成長，有著強大的父親情結。她丈夫比她年長幾歲。很自然地，她因為這兩人的離世而悲痛。她向一位牧師尋求安慰，而牧師建議她接受心理治療。一開始，她以為治療可以帶走她的痛苦。一如預期，她投射了大量的權威在治療師身上。

經過幾個月的分析後，她作了一個夢，夢見她和過世的丈夫一起旅行。當兩人來到有座橋的小溪邊時，她發現自己忘了帶錢包。丈夫繼續往前走，她獨自回去拿錢包。待她回到橋邊時，旁邊出現了一個陌生男人，他們兩人一起過了橋。她向陌生男人解釋道，她丈夫走在她前面，而且已經去世了。「我好孤獨，非常孤獨。」她悲傷地說。這陌生人卻回答：「我知道，但那對我來說是件好事。」

在這個夢以及後續的報告中，作夢者對這個陌生人非常生氣，因為他似乎對她的哀慟無動於衷。但我卻對這個夢感到興奮，因為它顯示出明確的心理轉變。雖然她的父親與丈夫已經去世了，但他們依舊主導著她的自我界定。她的父親情結雖然看似溫和，但卻構成了某種外在權威，阻礙著她去找到真正的自己。這個未知的陌生人再現了她內在的男性原則，也就是阿尼姆斯（animus），他受到父親情結的影響而一直未能發展起來。這是一個好例子，說明了心靈具有自我調節的智慧。她的自我所受的痛苦，促成了某種內在成分的生長，不再受制於父親的支配。當她啟程去要回自己的身分，並尋求她自身的權威時，她的中年之路在65歲時開始了，而這兩者都是成年期的必要條件。

另一種看待神經症的方式，是認為痛苦源於解離的程度太巨大。在回應童年社會化歷程與外在現實壓力的過程中，我們與自己越來越疏遠。內在的抗議被外在現實的重擔給壓制。但中年之後，對靈魂的傷害與忽視可能會讓部分心靈奮力抵抗進一步的侵逼。這個抵抗會顯化為症狀。與其用藥物抹除它們的訊

38 原註28。"Psychoanalysis and Neurosis," *Freud and Psychoanalysis*, CW 4, par.563.

息，不如與之對話，促成榮格上面所說的「新適應」。

對那些遭受巨大痛苦，身處靈魂暗夜的人來說，這是一個難以接受的事實，也就是此刻的痛苦其實對他們有益，就如上述夢境中的神祕男子所說的話。但在痛苦中或許可以找到前方的路。因為生命不是疾病，死亡不是懲罰，所以並沒有解藥。但有一條道路，可以通往更具意義與豐盛的生命。

我想起一位曾遭受巨大痛苦的女人。她的身體畸形，日子艱難，遭遇過忽視與遺棄，有一連串依賴和羞辱性的關係。中年時她的世界崩塌了，她向內在尋找那個她從不認識的人。她用「碎片化」這個詞來形容中年之路的磨難。許多人都曾遭受過這樣的碎片化，可以理解的是，他們逃去了神經症的防禦堡壘中，在改變的颶風前躲起來。但是當我詢問這個感到自己變得碎片化的女人，在她經歷這段痛苦的歷程時她做了什麼，她清楚地告訴我，她會順利走過的，而且會擁有更真實的生活。我記得她說：「我對自己的這個部分說話，接著聆聽。然後我和另一個部分說話，接著聆聽。我試著學習心靈要我做的事。」

她提到心靈是活生生的存在，一個能指引她方向的女性。有人可能會說：

「她聽見聲音了，那是思覺失調症。」剛好相反。可以這麼說，我們都能聽見聲音。那是我們的情結在向我們說話，它是我們的一部分，我們如果不去認真聆聽，就會成為它們的俘虜。這個女人正協助自我與自性展開對話，這場對話能夠療癒過去造成的分裂。她信任內在歷程的能力不僅重要，而且罕見。詩人里爾克（Rilke）優美地提到，我們內在的惡龍事實上可能需要我們的協助：

> 我們怎能忘記所有民族之初的古老神話，那些神話中的龍在最後一刻都成為了公主。或許我們生命中的所有惡龍都是公主，只是在等著看見我們曾經的美麗與勇敢。或許每件可怕的事在其最深處都是無助的，它們希望得到我們的幫助。[39]

體貼地給予幫助，能夠將這些惡龍轉化為更新用的能量。

回想一下榮格對神經症的定義：「其意義尚未被發現的痛苦。」[40] 沒有錯，痛苦似乎是意識轉變的前提。榮格在他處也曾指出，神經症是「不真實的

39 原註29。*Letters to a Young Poet*, p. 69.

痛苦」[41]。真實的痛苦需要與惡龍遭遇，不真實的痛苦意味著從那裡逃離。

如果榮格和里爾克是對的，我認為他們沒錯，我們的惡龍象徵著那些我們感到恐懼並威脅著要吞噬我們的事物，但它們也是被我們忽略的部分，可能會被證實具有極大的價值。如果我們認真地加以對待甚至愛之，它們將在後半生的旅程中以巨大的能量及意義回報我們。

40 原註30。參見原註8。

41 原註31。"The Significance of the Unconscious in Individual Education," *The Development of Personality*, CW 17, par. 154.

3 內在的轉變

我們前半生的核心目標是去建立自我認同。每個人都認識一些從來沒真正離家過的人。有時這些人如字面義那樣，和父母住在一起，並照顧他們，有些人可能和父母住在同一條街，在同一個社區，或甚至住在千里之外卻依舊受他們指揮。心理上未與父母分離的人依舊和他們綁在一起。前半生的目標是不完整的。

一個未充分完成的自我認同，會困擾和糾纏我們後半生的發展。為第二成年期做準備時，人所需要的不僅是在地理空間上與父母分離，還得找到一個方式讓自己的能量保持多產。這不僅意味著擁有一份工作，更意味著人能感受到任務的挑戰性，並在完成它時覺得滿足。

我們也必須投入一段成熟的關係。若缺乏與另一半相互妥協的能力，不能在關係中堅持個人立場並處理無可避免的摩擦，這代表我們無法達成自己的心理現實。此外，我們也應以公民的身分參與外在世界。我們每個人都會有想從世界的幻象中撤退的時刻，偶爾撤退肯定能使靈魂得到恢復，但持續逃離會使個人認同的進一步發展受阻。榮格再次清楚地表達了這項任務：

> 生命的自然歷程要求年輕人獻祭他的童年，以及對父母的幼稚依賴，以免他的身體與靈魂受到無意識亂倫的束縛。[42]

42 原註32。*Symbols of Transformation*, CW5, par. 553.

恐懼是挑戰也是任務，因為只有勇氣能夠克服恐懼。如果未能接下任務，某種程度上就冒犯了生命的意義，整個未來就會淪為一攤絕望的死水，一團了無生氣的黯淡火光。[43]

正如我們所見，即便是穩固的自我認同也可能在中年時受到破壞。失敗的親密關係令人心碎，曾經支持與拯救我們的人令我們不滿，對職涯階梯的熱情開始喪失，這全都表明由其所支撐起的自我投射與認同感受到了侵蝕。無論一個人對自我狀態的鞏固及自我世界的建構有多成功，中年之路給人的委靡都會使我們困惑、挫折與失去認同。

當人踏上中年之路時，前半生未完成的事務經常會變得痛苦而明顯。例如，人在離婚時可能會與隱藏在婚姻中的依賴性面對面。人們可能會意識到自己將父母情結投射在伴侶身上，或發覺自己缺乏工作技能與自信。然後前半生逃避的事物回頭找上了我們，我們因此變得憤怒而且想責怪他人。

中年之路上最有力的打擊之一是我們和世界之間的默契失效了，我們以為只要自己處事得宜、心存良善，一切就會順利。我們以為可以和世界彼此互惠。只要我們做好自己的本分，世界就會平等回報。許多古老的故事，包含《約伯記》[44]，都痛苦地顯露了這項事實，那就是根本沒有這紙契約，而每個走向中年之路的人都被迫明白了這一點。舉例來說，如果沒有高度的期待與良好的意圖，沒有人會在羅盤失靈與波濤起伏的情況下搭上婚姻之船。當人站在親密關係的廢墟中，他不僅會失去關係，也常會一起失去整個世界觀。

或許最嚴重的打擊是自我的優越幻覺受到了侵蝕。無論自我的投射曾經有多成功，它再也不能主導一切了。自我的崩潰意味著人們並非生活的主宰。尼采（Nietzsche）曾經指出，當人類發現自己不是上帝時，他非常沮喪。只要能意

43 原註33。同上，par. 551.

44 譯註11。約伯雖然正直善良，尊奉上帝的意旨而活，但上帝卻和撒旦打了個賭，刻意考驗他的忠誠。約伯在遭遇各種磨難後，在巨大的痛苦中以其有限面質了上帝的無限。榮格在《答約伯》中討論了這則故事，他認為這則故事暗示著上帝因為人類而成長，自性也需要自我。

識到，人甚至無法將自己的生活管理好就夠了。榮格強調，當我們發現自己竟然不是自己住家的主人時，會使人不寒而慄。因此，除了震驚、困惑、甚至恐慌之外，中年之路的基本結果就是變得謙卑。我們和約伯一起坐在糞堆上，失去了對生活的錯覺，想著究竟是哪裡出了錯。但在前半生的奮鬥中所獲得的力量，現在可以用來回應後半生的召喚了。如果我們的自我強度不足，就無法從「自我─世界軸」轉向「自我─自性軸」。在自我分離與固化的過程中未能完成的事務依舊是人們成長的阻礙。

生活會無情地要求我們長大並為生活負起責任。雖然聽起來簡單，長大卻是中年之路無可逃避的要求。那意味著我們最終得在無人協助之下，去面對自己的依賴性、情結與恐懼。它要求我們不再因為命運而責備他人，並為自己的生理、情緒及精神的健康負起全部責任。我的分析師曾對我說：「你必須把你的恐懼列入議程中處理。」這是一個嚇人的作法，但我知道他的建議很有道理。這項計畫表要求我負起責任，並要我全力達成。

在中年之路上，我們經常還得照料孩子、賺錢養家、扛起工作。但儘管外在世界不停地要求我們努力，我們也得轉向內在，去成長、去改變、去尋找那個作為旅程目標的人。

人格面具與陰影的對話

當自我不再獨攬大權，亦即認為自己清楚知道自己是誰，並且能掌控一切時，這無疑會導致人格面具和陰影展開對話。中年時期，人格面具與陰影的對話代表人格在社會現實與個體真實之間必須達成平衡。

人格面具是自我對社會生活條件的有意識適應。我們創造了許多人格面具，它們是必要的虛構角色。我們在爸媽面前是一個模樣，身為受雇者是一個模樣，在愛人面前又是另一個模樣。雖然人格面具是與外部世界的必要連接，但我們很容易混淆旁人的人格面具與其內在真實，也會認為自己就等於那些角色。正如先前所說，當我們的角色改變時，我們會經驗到自我感的喪失。人格面具會偽裝成個體性，但從根本上來說，正如榮格所言，那「不是真的：那是個體與社會之間的妥協」[45]。我們會在某種程度上認同自己的人格面具，它是我們社會化的自我，因此，當我們從外部世界的適應中抽離，在面對內在現實時，會感受到焦慮。因而中年之路在某個方面，會激進地改變我們與人格面具的關係。

因為前半生用了許多時間在建構與維持人格面具，我們經常會忽略內在的真實性。而陰影則代表了被我們壓抑或遺忘的每件事。[46]陰影包含了所有深具活力但卻有問題的東西，例如憤怒與性慾，當然也包含了歡樂、自發性與未點燃的創造之火。佛洛伊德精準地觀察到，文明的代價就是神經症。社會的要求始於一個人家庭的起源，心靈的內容被分裂，陰影被延伸。陰影代表著社會集體價值對人的本性所造成的傷口。因此，面對陰影並加以整合，會為我們帶來神經質分裂的療癒以及個人的成長。正如榮格的總結：

> 迄今為止，人們依舊認為陰影是邪惡的根源，現在可以確定的是，經過審慎的研究，它不僅包含了道德上應受譴責的天性，也包含許多良好

的特質，例如正常的本能、適當的反應、現實的洞察力、創造性的衝動等等。[47]

中年時，人已經壓抑了自己人格中的大部分本性。例如，憤怒之所以經常在中年之路上爆發，就是因為人們過去常被鼓勵壓抑它。印度－日耳曼語系的字根 *angh*，是「加以收縮或限制」（to constrict）之意。實際上，所有的社會化要求都代表著對自然衝動的限制，因此憤怒不斷積累是可以預料的。但那些與自然衝動相關的心理能量去哪裡了？它通常會助長我們盲目的野心並驅使我們用藥物減低它的強度，或使我們虐待自己或他人。如果人們被教導生氣是一種罪惡或道德缺陷，那麼人就會與自己被限制時的真實經驗產生分裂。憤怒若是能被承認或找到抒發管道，它將為改變帶來巨大動力。此後，人們就會拒絕過著

45 原註34。*Two Essays on Analytical Psychology*, CW 7, par. 246.
46 原註35。壓抑是一種防衛機制，藉由抑制念頭或衝動來保護自我，免於太過痛苦而無法承認的事物。
47 原註36。"The Structure and Dynamics of the Self," *Aion*, CW9ii, par. 423.

虛假的生活。經過了一輩子對人格面具的投注，遭遇到陰影中的憤怒肯定會令人不安，但自由去感受自身的真實，才是療癒內在分裂的必要步驟。

遭遇到其他的陰影也很痛苦，因為人會被迫承認人格面具所不接受的各種情感，例如自私、依賴、慾望和嫉妒。在此之前，人可以否認這些特質並將其投射在他人身上，他很虛榮，她野心太大，諸如此類。但在中年時，自我欺騙的能力已經乾涸。每天早晨照鏡子時，我們都會看見真正的敵人，那就是我們自己。雖然與自身低劣特質的相遇可能很痛苦，但承認這些特質能使我們撤回對他人的投射。榮格認為，我們對世界能做的最好事情就是撤回我們的陰影投射。世界的錯誤就是我自身的錯誤，婚姻的錯誤就是我自己的錯誤，要想說出這類話語需要巨大的勇氣。但在這樣的謙卑時刻，我們開始想去改善所居住的世界，並帶來能療癒關係和自己的條件。

與自己的約定也意味著回到過去，並拾起那些遺留在身後的事物：生活的愉悅、未開發的天賦、孩童時的願望。如果人能把自己的心靈視為一幅馬賽克，就會發現裡頭的碎片無法計算，更別說活出來了，但每一片都能治癒和獎賞受傷的靈魂。所以想學吉他的男人，想讀大學的女人，或者想在夏日午後在湖面泛舟的任何人，人人都可以去完成自己的夢想，無論當初是什麼原因將它棄置不顧。我們無法選擇自己的心理組成，但可以選擇去珍愛或忽視其中的某項內容。但有許多人無法自由地承認他們內心的現實。我們缺乏了來自父母的充分肯定，或者父母擁抱生活的示範；我們內化了他們的忽略以及父母的禁令，使我們無法活出自己的潛能。中年時，允許自己活出自己的現實非常重要。事實上我們都會死，時間都有限，沒有人能將我們從生活責任的重擔中解放出來，這給我們巨大的力量去充分地活出自己。

在中年之路上，陰影的反叛是自性所做出的糾正，目的是將人格帶向平衡。陰影是未活出的生命，而整合它的鑰匙，是去了解它的要求源於自性，它不希望我們進一步壓抑，也不希望我們把陰影付諸行動。陰影的整合需要我們以負責任的方式在社會中生活，但也要更加誠實地對待自己。藉由人格面具的消風，我們學到從前的自己過著暫時性的生活。無論整合內在真理令人喜悅還是不快，對迎向新生活與重建意義來說都是必要的。

正如上面所提，中年時沒有哪件事能比婚姻這類的長期親密關係更具傷害性和令人失望的潛力。這類親密關係背負著內在小孩的重擔。我們在進入關係時懷抱著太多希望、需要以及面對失望的能力。每個人在中年回望過去時，都會對數十年前在婚姻與生涯上的選擇感到不寒而慄，因為裡頭有太多處於無意識狀態所做的決定。年輕人總是會墜入愛河，承諾終身，並生育孩子。他們還會繼續這麼做。但在中年之路上，許多人會開始真誠面對自己與伴侶，而這給親密關係帶來了很大的壓力。事實上，很少有中年婚姻——如果它們能存活下來的話——未曾承受巨大壓力。離婚可能是讓我們走向中年之路的原因，或者婚姻會變成我們最主要的壓力源。

為了更瞭解中年時親密關係的重要性，我們需要對親密的本質進行更深的反思。很顯然地，被我們交付靈魂的人相當重要。此外，當代文化經常會假設婚姻與浪漫愛是同義詞。從歷史上來看，多數時候婚姻都是為了用來維護和傳遞價值觀、種族生存、宗教傳統和權力。被安排好的婚姻比起因愛而婚有更好的追蹤紀錄，因為愛情是難以捉摸的情感狀態。同樣地，只要死亡或命運不加以干涉，基於相互依賴的婚姻也能夠運作良好。（我有一個前同事曾被大屠殺所摧殘，後來娶了一個年紀比他小一半的女人來照顧自己，但彼此都覺得很滿足。）事實上，從各方說法來看，基於工作需要的婚姻反而比那些基於浪漫期待與相互投射的婚姻更能長久維繫。就如蕭伯納（George Bernard Shaw）說的：

> 當兩個人處於最激烈、最瘋狂、最虛幻與最短暫的激情之下，他們被要求發誓維持這種興奮、異常且容易枯竭的狀態，一直到死亡將他們分離為止。[48]

下圖展現了異性戀關係通常會有的互動。

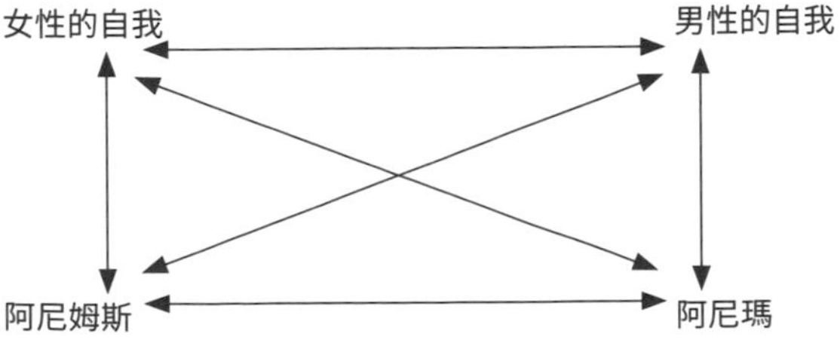

圖 1

48 原註37。摘自 Gail Sheely, *Passages: Predictable Crises of Adult Life*, p. 152.

在意識層面，雙方的自我建立起關係，但我們不會在自我關係的基礎上建立愛情。這份榮耀落在阿尼瑪與阿尼姆斯身上，他們是心靈中無意識的異性別元素。

簡單地說，阿尼瑪代表了一個男人內化的女性經驗，最初是受到他母親和其他女性的影響，同時也會被某些未知的或對他來說特別的東西給渲染。他對阿尼瑪的體驗，代表了他與自己身體的關係，代表了他的直覺、感受性生活以及與他人建立關係的能力。女人的阿尼姆斯是她對男性原則的體驗，受到父親與文化的影響，但也存在其神祕和對她而言的個別因素。阿尼姆斯體現了她的務實性，她的才華以及她專注於目標並在世界上滿足願望的能力。對角線的箭頭展現出阿尼瑪／阿尼姆斯對自我的投射，反之亦然。[49]異性人數雖然多，但能吸引投射的人很少，他們都是接住投射的好鉤子，至少能暫時接住投射。藏在對角線背後的動力就是所謂的浪漫愛。

浪漫愛給人一種堅定的連結感，給人新能量、希望與歸屬感。一見鍾情是這類投射中最著名的例子。哪怕對方是個殺人犯，只要他能暫時維持這個投射就可以。很明顯地，在這個投射背後，只有一個像我們一樣的普通人，而且他無疑也向我們投射了大量的內容。但對我們來說，那個人卻很特別。「這個人不一樣，」我們會這麼說，或者：「我以前從來沒有過這種感覺。」流行文化餵養了這個錯覺。如果把流行樂排行榜上的前四十名合併起來看，它們的歌詞大概會這麼說：「直到你進入我的生命前我都過得很慘，接著我感覺每件事都不一樣了，然後我們站在世界的頂端，直到你變了，我們失去了所有，接著你離開，現在的我很慘，我再也無法愛，直到下一次遇見。」不同的只有歌手的性別，以及他們唱歌的時候有沒有彈吉他。

每天住在一起會消磨掉投射，最後只剩下他的個性，而那是無法滿足大量投射的。因此人們會在中年時總結：「你不再是我當時結婚的對象了。」事實上，他們從來就不是。他們一直是其他人，一個我們幾乎不認識的陌生人，即使到現

49 原註38。若要進一步研究此歷程，請參見 John Sanford, *The Invisible Partners: How the Male and Female in Each of Us Affects Our Relationships.*

在也只認識了一點點。由於阿尼瑪或阿尼姆斯會被投射到那個人身上，因此我們實際上只是愛上了自己所缺失的那個部分。那樣的連結感與歸屬感是如此美好，為我們帶來了大量的希望，因此失去它時會讓人覺得是一場災難。[50]

親密關係的真相是它們永遠不可能比我們和自己的關係更好。我們和自己的關係不僅決定了我們所選擇的對象，也決定了關係的品質。事實上，每段親密關係都暗中透露出我們是誰。因此，所有的關係都是我們內在生命的外顯，沒有任何一段關係可以好過我們與自身無意識的關係。（圖1中的直向箭頭。[51]）

如果我們的要求不要那麼多，關係就不會是個沉重的負擔。但如果關係不能滿足我們內在小孩的期待，那它又有什麼意義？

當人們感覺自己過著象徵性的生活時，他們就是神聖戲劇中的演員。那賦予我們人類生活唯一的意義，而其他每件事情都很平庸，你可以加以忽略。一份工作，養育子女，它們與有意義的生命這件事相比，全部都是幻象。[52]

因此問題就從期待魔幻他者的拯救，轉變成關係在獲得更偉大的人生意義這件事中扮演什麼角色。

很明顯，我們文化中的親密關係模式，以及第一成年期的願望，是與他人融合或得到一體感，也就是相信自己能藉由與他人結合讓自己得到補充，或者變完整。在一起，我們就合併為一，在一起，我們就成為一體。在面對廣袤無垠的世界時，人會覺得自己破碎且不足，因此有這樣的願望是很自然的，但事實上，這種願望會阻礙雙方的發展。當日常生活損耗了希望及其投射，人會感覺失去意義，也就是失去了原先投射在他人身上的意義。

50 原註39。參見 Aldo Carotenuto, *Eros and Pathos: Shades of Love and Suffering.*

51 原註40。我曾在公開場合提過，許多人都同意我的邏輯，但對於魔幻他者並不真實存在的暗示感到很大的擔憂。一位女性在聽完我的演講後前來找我，她對我搖著手指頭說：「是的你說得沒錯，但我依舊相信愛情。」她憤怒的語調暗示著，她剛剛才知道原來這世界上並沒有聖誕老人。

52 原註41。"The Symbolic Life," *The Symbolic Life*, CW 18, par.630.

用中年的視角來看，人應該將融合模式換掉，因為它不管用。對後半生來說，行得通的模式是對自己的心理健康負起責任，如左圖所示：

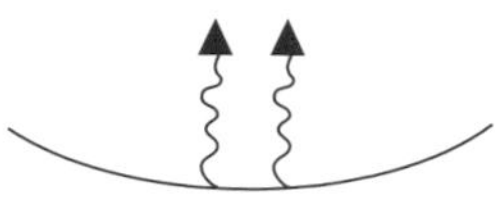

這個盆狀的容器意味著成熟關係的開放性特徵。每一方都得為自己的個體化負責。他們在這段關係中彼此支持，相互鼓勵，但他們不能替對方執行個人成長或個體化的任務。（我們將在第五章討論個體化的重要性。）這個模式代表我們必須拋棄自己會被他者所拯救的觀念。它假設雙方都能接受個體化的邀請，並透過成為更完整的自己來為對方服務。這個模式勝過融合模式，成熟的關係要求雙方負起自己的責任，否則婚姻就會陷入停滯。

要擁有一段成熟的親密關係，人必須能夠說：「沒有人能把我內心深處最想要或需要的東西給我。只有我可以。但我會為這段關係所確實提供給我的東西給予讚美並投入。」關係提供最多的通常是陪伴、相互的尊重與支持，以及不同觀點的辯論。用關係來支撐弱小自我的年輕人，不可能滿足成熟關係對勇氣與紀律的挑戰。曾經需要肯定的人，現在必須接受差異。曾經需要簡單且合一之愛的人，現在必須學著愛上對方的個性。

當人必須放下投射與巨大的個人議題時，他就能被伴侶的個性給擴展。一加一並不等於一，如融合模式所以為的那樣；事實上它等於三，各自的雙方是二，而兩人的關係則是三，這迫使他們必須超越自己的個人限制。此外，當我們放棄投射，並將重點置於內在的成長時，人就會遇見自身靈魂的廣闊。他者幫我們擴展了心靈的可能性。

里爾克將關係描述為與另一個人分享自己的孤獨。[53]這句話確實很接近事實，因為最終只有孤獨會陪伴我們。人必須承認投射不會長久，但它有可能被

53 原註42。*Letters of Rainer Maria Rilke*, p. 57.

更豐富的東西取代。由於投射是無意識的，我們無法確定自己與他者的關係是否真實。但如果我們為自己承擔了主要責任，就不太會把內在小孩的依賴與不切實際的期待給投射出去。

真正的關係源於與他人分享旅程的渴望，源於想藉由對話、性與關懷，來親近生命的奧祕。尼采曾觀察到，婚姻是一場交談，一段偉大的對話。[54] 人若是沒有準備好參與長期的對話，他也就沒有準備好擁有長期的親密。許多年長的伴侶早已對交談感到疲憊，因為他們已經停止了個體的成長。當重點放在個人成長時，那麼雙方都會有一個有趣的交談對象。若人們阻礙了自己的成長，即使是在為了對方好的情況下，也肯定會讓你的伴侶跟一個憤怒且沮喪的人生活在一起。一方阻擋另一方的成長也同樣不能接受。這樣的婚姻必須重新開始，否則它已喪失了存在的理由。成熟的婚姻具有開放與辯證的特點，在那之中，人可能會體驗到圖 1 裡頭最下方的雙箭頭，那是兩個奧祕的交流，也是兩個內在異性別能量的交換；這是靈魂與靈魂的相逢。

因此，愛情如榮格所說，是一種象徵的生活，是一種遇見神祕的方式，愛的姓名與本質我們永遠無法理解，但如果沒有它的存在，我們就會變得淺薄。在中年時，許多婚姻已然結束或者遭遇了麻煩。在以前，那些撤回投射的個人受到了巨大的集體壓力，而不敢去尋找另一段關係。有些人選擇外遇，有人選擇了物質濫用，有人透過工作和孩子而得到昇華，也有人因此生病、罹患偏頭痛或憂鬱症。正向的選擇通常遙不可及。今天我們有了這樣的選擇，儘管痛苦同樣不低，但比起待在無法協助我們走向個體化的伴侶身邊還是好一些。儘管意圖良善，但真理終將水落石出。檢視那個承載了個人希望與需求的結構需要勇氣，但勇氣能夠治癒，並讓人恢復完整性，重獲新生。

相信魔幻他者的存在是一場殘酷的自我欺騙。即使找到了這個人，那也肯定是我們的投射。如果經過一段時間，人仍然受他者的照顧，那很可能他已卡在他者有意無意餵養的依賴之中。這並不是要貶低伴侶在我們旅程中所扮演的有力支持角色，而是在說，人會逃避生活的巨大責任。我認識的一位非常能幹

54 原註43。"Human, All Too Human," *The Portable Nietzsche*, p. 59.

的女人，她早上才跟丈夫分手，下午就把下一任丈夫迎進了家門。雖然她學有專長，但她卻無法獨處並忍受與自己進行內在對話。

當人具備了向內看的勇氣時，他就能擁有機會去面向人格中受到忽視的部分。如果人不再讓伴侶擔任尋找生命意義的角色，那麼他就會被召喚去開啟自己的潛能。

我最近聽了一個傳統的性別角色故事，那是我們童年時都曾聽過的那種故事。一對處於離婚邊緣的夫妻指責對方必須為自己的生活負責。男方說他努力工作，追求事業成功，就是為了讓家人過上好生活。他忠誠地執行自己的義務，但卻對無法擁有自己的生活而日漸不滿。他的憤怒轉向內在，他變得憂鬱，最後他覺得自己必須離婚否則就得去死。妻子則說她一直扮演賢妻良母的角色，照顧著家中的每個人，一直無法追求自己事業上的目標。她也很憂鬱。

很明顯地，雙方都是受害者。他們都固守性別角色的傳統，並為此付出最大的努力，就像他們所敬重的父母親一樣。但在這二十年裡，雙方卻不停滋長著憤怒。

他們彼此都是造成對方不幸的幫凶，但我們除了要求一個20多歲的年輕人遵守第一成年期的劇本之外，還能期待他們做什麼？他們把婚姻制度執行得很好，但這個制度卻沒有善待他們。無論他們能否繼續相守，這都取決於雙方對個人成長的相互承諾。

心靈中的不變真理是：改變，否則就在怨恨中枯萎；成長，否則內在就走向死亡。同樣地，中年時婚姻的悲劇性在於，關係經常被憤怒所汙染，使更新的可能性受到致命性的傷害。無論良好的意圖能否被喚醒，對伴侶的負向投射能否被撤回，這經常都會帶來問題。

平衡我們對他人與自己的義務固然困難，但仍值得嘗試。這個議題並不新。易卜生（Ibsen）的《玩偶之家》（*A Doll's House*）出乎意料地現代。當女主角諾拉（Nora）離開她的丈夫與孩子時，旁人提醒她還有對教會、丈夫與孩子的責任。她回答說，她對自己也有責任。她的配偶無法理解。「我們能修補這個問題嗎？」她的丈夫問。諾拉回答她也說不準，因為她發現她並不認識自己，（事實上）她只是一直在遵守第一成年期的義務，她無法預測自己將會成為什麼樣的人。當《玩偶之家》在一個世紀前於歐洲各國首都上演時，動亂緊接而來，這對婚姻與親職體制是個不言可喻的威脅。即使是現在，在女性走出婚姻之前，公眾輿論、親職楷模與罪惡感都會帶來相同的阻礙，即使只是想改變束縛的模式亦然。諾拉走出家庭的圈子，卻面臨了社會阻礙與經濟剝奪。因為法律會剝奪她的財產、監護權和經濟權力。但她知道自己必須離開，否則她就會死。

雙方越早將個體化的必要性當成關係存在的理由，關係維持下去的機會越大。人很自然地認為，時間會以某種方式幫忙解決關係中的壓力與空洞。當我詢問一對伴侶，想想看十年之後如果什麼事情都沒改變會怎樣時，他們通常會很清楚現在必須採取行動。當有一方持續阻止改變發生，就可以確定他或她依舊被焦慮所控制，或仍活在第一成年期的投射。很有可能這個頑固的伴侶會永遠拒絕負起必要的責任，若是如此，他會因否絕他人生命的權利而受到懲罰。沒人有權利阻止他人的發展，這是精神犯罪。

當伴侶能認識到他們的不幸，並坦承地要求對方給予支持時，這段婚姻就很有可能獲得更新。伴侶因此不再是拯救者或者敵人，他們只是伴侶。或許伴侶治療的理想模式是讓雙方都先進入個別治療，對各自的發展需求進行一些修復，然後再一起參加會談，處理過去令人耗竭的相處模式並討論對未來的希望與規劃。這樣婚姻就能成為個體化的容器。

為了促進合作而非衝突，我常會詢問出席的配偶特定問題。例如：「你過去有哪些行為會導致衝突或損害關係的品質？」這個問題會讓那些以為自己是來這裡找人一起對抗另一半的求助者感到震驚。這個問題要求他們開始向內看，並為關係的照護與滋養負起更大的責任。另一個有用的問題是：「一直以來，你對自己的夢想是什麼？是什麼恐懼讓你不敢追求它？」聽到配偶的掙扎與失望後，伴侶通常會感到同情，想支持他面對掙扎。分享失敗感、恐懼與希望，會帶來真正的親密，但很少有伴侶這麼做，即使他們結婚了很久。性可能是他們之間的橋梁，孩子也是，但關係真正的黏著劑是了解他人真實的感受。

除非我們能真的認識另一半，否則我們不可能愛上他的個性。或許愛是一種能夠生動想像他者經驗的能力，這讓我們能肯定對方的存在。真實的對談能促成這類想像發生，也是自戀的解方。我曾聽過有人質疑，過分關切個人成長難道不也是一種自戀嗎？只要人們在決心實現個人潛能的同時也承認他人擁有同樣的權利，那就不能算是自戀。這需要雙重的力量：為自己負責的能力，以及在想像中驗證他者真實的勇氣。這兩種力量在西方文化中都沒有很好的楷模，所以我們必須自己去尋找。它的另一面恰好就是許多婚姻的悲慘處境。我們因為自己的不開心而責怪伴侶，又偷偷地懷疑自己其實是共犯。這就是我們在婚姻中所釀的苦酒。

有許多人，例如吉莉根（Carol Gilligan）在《不同的聲音》（*In a Different Voice*）中曾提及，相較於男性，女性更難去肯定自己的個體化需求，因為她們在關係中肩負更多義務。女性意識的本質可被稱為擴散型意識（diffuse awareness），它的意思是女性非常清楚自身周遭與他人對自己的想法。因此，吉莉根說，她的女性研討會同意年輕的史蒂芬・德代路斯（Stephan Dedaelus）的觀點，在喬伊斯（James Joyce）的自傳《青年藝術家的畫像》（*Portrait of the Artist as a Young Man*）中，德代路斯宣布，他要離開自己的家庭、信仰與民族，因為他無法再效忠那些不再忠於自己的人。但他們認同瑪莉・麥卡錫（Mary Carthy）在其著作《天主教女孩的自白》（*Confessions of a Catholic Girlhood*）中所呈現的困境，當她想一躍進入未知時，卻被責任與內疚給拘束和麻痺了。雖然今天的女性比起她們的母親更能去選擇自己的道路，但多數女人仍舊覺得被他人所施加的壓力給束縛。因此，比起男人，女人要成為她自己的難度更高。就像《玩偶之家》的諾拉，她得去平衡他人的要求以及她對自己的責任。最終，這些殉道者既沒有成為好母親，也沒有成為好伴侶。女性要成為聖徒永遠有代價，而這得由她和旁人共同承擔。

兒童期的依附需求在成人身上依舊非常強烈，我們甚至可以說那是自然且正常的。但人的自我價值與安全感若仍仰賴他人來給予，那麼成熟就遙遙無期。「依附飢渴」（attachment hunger）這個術語，描述的是對他者的自然需求失控時的模式。[55]當然，人們一直忘記了，自己的心中都有一個現成的伴侶，至少是潛在的伴侶。[56]

55 原註44。Howard M. Halpern, *How to Break Your Addiction to a Person*, pp. 13ff.
56 譯註12。作者的意思是，我們的內心有著阿尼瑪或阿尼姆斯，他們是我們內心的伴侶。

對許多男性來說，一個大問題是他們的心裡已經麻痺。[57]習慣迴避感受，逃避本能智慧，無視自己的內在真理，這使多數男性對自己與他人都很陌生，他們是金錢、權力以及地位的奴隸。菲利普．拉金（Philip Larkin）用難忘的語句寫下：

> 男人的第一次心臟病發就像聖誕節的來臨，他們無助地背負著承諾、義務和必要的慣例，遊蕩在衰老與失能的黑暗大道，被生活中曾有的甜蜜給拋棄。

在我們的文化中，邀請男人或者允許男人誠實面對自己的楷模可謂絕無僅有。當男人被問到他有什麼感覺時，他通常會回答他在思考的東西，或者「外面」有什麼問題。想想在電視運動節目裡的啤酒廣告，它們技巧且默契地所傳遞的訊息。一群快樂的漢子共同扛著原木，一起鋸木頭或開堆高機。（絕對不會是一起坐在個人電腦前或抱小孩。）哨音響起，喝啤酒的時間到了。他們大步走向附近的酒吧，以同志般的情誼相互碰觸。他們在酒吧裡舉杯，身邊陪伴著一個金髮女郎，暗示著他們不是同性戀，也代表即將在歡樂、憤怒或感傷中被召喚出的阿尼瑪。藉著酒精，男人放鬆了用以對抗內在女性的防衛機制，促使意識承認他原先不肯承認的東西。

如果男人無法和自己的女性靈魂建立關係，女人要怎麼期待她能和男人建立一段好關係？女人不可能成為那段內在連結，她們只能接收或承載男人對她的部分投射。在出土的古埃及文獻《尋求巴（靈魂）的厭世男人》（*The World-Weary Man in Search of His Ba[soul]*）中，告訴我們這個問題並不新鮮。真正新鮮的問題是，持續邀請男人進入內心，並在面對扮演戰士與經濟動物等舊角色這樣巨大的壓力下時，她們該如何找到真實的自己。

57 原註45。造成這種心理麻木的原因在下列研究中都有探討：Guy Corneau, *Absent Fathers, Lost Sons*; Robert Bly, *Iron John*; Robert Hopcke, *Men's Dreams, Men's Healing*; and SamKeen,*Fire in the Belly*.

羅伯特・霍普克（Robert Hopcke）在《男人的夢與男人的療癒》（*Men's Dreams, Men's Healings*）提到，在男人能夠內化並在其真實感受面前存在之前，通常要花上一年的時間進行心理治療，要用一年他才能夠追上女性的起點。[58]我猜他是對的，但有多少男人願意用一年的治療來抵達女人的起點？好險，有些男人願意，但還有許多男人在漂流與迷惘。作為父權體制的受害者，他們僅知道權力的有無是他們是否具有男子氣概的證明。[59]因此，在中年之路的男人必須再次成為一個孩子，面對權力所掩蓋的恐懼，並重新詢問這個古老的問題。這些問題很簡單：「我想要什麼？我感覺到了什麼？我必須做什麼，才能讓自己感覺良好？」僅有少數的當代男性會問自己這個奢侈的問題。所以他們一邊踏著艱難的步伐去上班，一邊夢想著退休後可以在某個滑雪度假村裡打高爾夫，並祈禱在這之前不會心臟病發。除非他能謙卑地詢問這些問題，並允許自己的心說話，否則他不會有機會。他對自己和他人來說都是一個糟糕的隊友。

許多女人同樣缺乏權力，她們天生的力量被負面的內在聲音給侵蝕。負面的阿尼姆斯在她們身邊低語著無音之聲：「妳不能做那件事！」他用陰沉不安的聲音說道。阿尼姆斯在其他事情上代表的是女人的創造力，女人活出個人生活以及滿足個人目標的能力，他藏在這些事情的陰影下，包括她母親的楷模、父親的鼓勵（或勸阻），以及社會所提供的壓迫性角色。在傳統上，女人被告知她得藉由丈夫或兒子的成就來達到自我實現。我聽過最令人悲傷的文章之一是瑪莉．班森（Mary Benson）的日記，一個徹頭徹尾的維多利亞時代女性，她是坎特伯里大主教愛德華（Edward）的妻子，被婚姻與教會的雙重體制所束縛。當愛德華去世後，瑪莉遇見了自己，並開始了與自己的約會。

> 糟糕的感覺充斥著我的一生……那源於我得不停地回應各種不同的，永無止盡的要求。……裡頭什麼也沒有，沒有權力，沒有愛，沒有慾望，

58 原註46。*Men's Dreams, Men's Healing*, p. 12.

59 原註47。就如尤金．莫尼克（Eugene Monick）在《陰莖：男性的神聖意象》（*Phallos: Sacred Image of the Masculine*）與《閹割與男性的憤怒：陽具之傷》（*Castration and Male Rage: The Phallic Wound*）所指出的，父權體制及其對權力、階層體制與侵略性的強調，是那些無法感受到內心陽性氣質者的庇護所。正因如此，他們也同時傷害了女人與其他男人。

沒有啟蒙：他什麼都有，他的生活完全主宰了我的生活。親愛的上帝，請賜予我一個人格……一個具有視野的個性……要怎麼把他跟尋找自我相連？我感覺自己過著膚淺的生活太久了，那並非我刻意為之，但也不是全錯。但我和愛德華這樣具有主導型的人格在一起，……再加上這個職位的巨大要求，這樣我要如何找到我自己呢？我似乎只能負責回應，卻沒有核心。但一定要有核心。60

各位讀者，請向內看去，那裡令人不安。你的生活也跟瑪莉一樣嗎？雖然她的文章令人悲傷，但考量到聖職權力的重擔，雖然她的處境值得原諒，但最終她依舊得為自己負責。人格不是上帝賜予的，而是從懷疑與抗爭反對的魔鬼所得來的，人若不願抗爭，等待他的就是憂鬱與無能。

比起被傳統性別角色的定義所苦，當代女性則努力地在事業與家庭之間取得平衡。過去的夢想所剩無幾。一個中年期的女人經常被孩子與丈夫同時遺棄，前者正過著屬於他們自己的生活，後者則被工作所俘，或者正與其阿尼瑪的新投射對象談戀愛。有人會說她擁有感到背叛或被遺棄的權力，但同樣地，如果她能帶著意識先行預見並為這些事情做好準備，她或許就能迎接自己的新自由。

我認識一個爸爸，他在女兒離家考大學時對她說：「考量到現代的離婚率，以及男人壽命較短的事實，妳有百分之八十的機會獨自生活，不管妳有沒有孩子要養，或者有沒有經濟能力都一樣。因此，妳最好擁有一項自己的專業，以及足夠的自尊心，這樣妳的自我價值感才不會仰賴妳生命中遇見的男人。」這可不是什麼樂觀的用語，不是為了安全感而結婚的警告，也不是鼓勵她去依賴旁人，如她母親從外婆那裡所接收到的價值觀。那不是他樂於說的話，那些話唯一的優點就在於它們的真實。

當一個女人覺得在中年期被遺棄時，她的內在小孩很快就會浮出表面。這是一種創傷經驗。如果她尋求治療，第一年會用在發洩悲傷與憤怒，克服絕望

60 原註48。Katherine Moore, *Victorian Wifes*, pp. 89-90.

並接受我們和世界之間並沒有任何默契。她在第二年會開始為新生活聚集能量。如果她沒有學歷或必要的工作技能來養活自己，她會盡力去學習它們。從集體的角度來看，她可能會有各種理由感覺別人都在占自己的便宜。但在治療中，她可能會承認自己的無意識共謀。

對許多身處於中年之路的女性來說，現在正是遵守和自己的約定之時，這是多年前就已發出但卻錯過的邀請。當養育者的外衣被脫下，女人就必須再次自問，她到底是誰，以及她在生活中究竟想要什麼。除非她更能意識到卡住自己的各種內在力量，也就是從母親、父親和西方文化中後天習得的情結，否則她就無法解答這些問題。[61]負面的阿尼姆斯能量會侵蝕她的意志、自信與個人信念。當阿尼姆斯做為正向的能量時，他會賦予女性力量，代表著女性參與生活並為想要的事物奮鬥的能力，以及對生命力的肯定。正向的阿尼姆斯能量不是他人所賦予的，而是追求來的。找到勇氣，冒著風險重新自我定義，重視親密關係的價值，但卻不被它所侷限，這是中年女性的任務。

中年外遇

有時，內在的力量會以復仇之姿出現，並將人給淹沒。根據報導，外遇的發生率大概在百分之五十左右，男性的發生率略高於女性。我認為沒有人會在早上起床時告訴自己：「我今天想要搞砸我的生活，傷害我的伴侶和小孩，失去我奮鬥想獲得的一切。」但它還是發生了。

不管第三者事實上有什麼優點，她或他肯定是投射的承載者。正如婚姻是內在小孩需求所投射的主要承載者，當婚姻中的伴侶被證實為僅只是個普通人

61 原註49。有許多傑出的研究討論了阿尼姆斯的發展與基底女性氣質的平衡，包括琳達・李奧納德（Linda Leonard）的《受傷的女人》（*The Wounded Woman*），她探討的是父女關係的影響；凱西・卡爾森（Kathie Carlson）的《她的形象：尋求母親的受傷女兒》（*In Her Image: The Unhealed Daughter's Search For Her Mother*），本書探討的是母女關係；瑪莉翁・伍德曼（Marion Woodman）的《對完美成癮》（*Addiction to Perfection*）、《懷孕的處女》（*The Pregnant Virgin*）以及《深受痛苦的新郎》（*The Ravaged Bridegroom*）。

時，第三者也會成為阿尼瑪—阿尼姆斯所投射的新對象。在我寫這本書時，某個知名女演員剛宣布了她的第八次還是第九次婚姻。我祝福她成功，但我知道，在這麼大的年紀，她依舊在投射。她最新的對象是一個小她二十歲左右的猛男。同樣，在我寫這本書時，我看見一個大約四十歲的男人，愛上了一位二十一歲的女孩。我看見他正搭著橡皮艇划向尼加拉瓜大瀑布，但我無論說什麼都無法阻止他。當然，我沒見過這個女孩子，也不知道他的老婆有多嘮叨。當然了，我同樣弄不明白他的重生感有多大。無意識的力量更需要尊重，而不是邏輯、傳統或美國憲法。

佛洛伊德曾要求他的病人不要在分析期間做重大決定，例如結婚、離婚、換工作等。或許這在理論上聽起來很合理，但生活持續向前，情緒繼續發生，人被要求做決定，而人也必須在現實世界中持續運作。無論投射會不會消解，無論人會不會被自己卡住，生活持續向前，人也要不停做出選擇。在對伴侶進行諮商時，如果沒有第三者，這會讓我覺得鬆了一口氣，因為我曉得這對伴侶有機會誠實地處理他們的婚姻。如果失敗，就讓我們直接承認，但別把問題轉移到另一條軌道上，也就是外遇所具體化出來的投射。當人們處於外遇情況，我會敦促他們盡可能先暫停接觸，以便用比較務實的眼光看待他們的婚姻。有時候這個策略會奏效，丈夫或妻子能夠不受阻礙地討論婚姻問題。但多數時候，我都是白費唇舌。被無意識內容所支配（possessed）的個體是不可能務實處事的。

中年外遇的力量在於它能將人拉回第一成年期的美好時光。就如我很常聽見女性向我哀嘆，她們的丈夫和一個甜美的年輕女孩在一起了，同樣我也會看見女人跟一個年長的男人愛上了。這意味著什麼？它意味著阿尼瑪發展不足的男人會吸引到同類型的女人，它也同樣意味著，阿尼姆斯發展不足的女人會吸引到擁有世俗權力的年長男人。由於男人與女人都缺乏通過儀式的幫助，難怪我們當中有那麼多人想從愛人身上尋求指導。男人尋找年輕女人，這反應了他們幼稚的阿尼瑪；女人則受擁有地位或年紀的男人所吸引，用以補償她們內在發展不足的阿尼姆斯。難怪外遇這麼神祕。它確實擁抱了我們失落的靈魂。然而外遇通常會帶來更多的悲傷和失落。一位明智的治療師，馬伊・羅姆（Mae

Rohm）曾經說過：「你得到的麻煩不值得你花心思這麼做。」[62]但你可以試著把這些話告訴一個外遇中的人，或試著告訴一個被伴侶的外遇所傷害的人看看，他們可能不這麼想。

前面提過，第一成年期的婚姻模式是融合模式，現在我們能發現關係到底有多複雜了。令人震驚的是，所有的親密關係都是這樣運作的。鑑於巨大的無意識力量、投射與親子情結，任何人都很難真誠地與他人連結。一開始，我們可能會說，看看過去的歷史，人們也運作得很好啊！然後我們就會被迫承認，無論是歷史還是我們的個人經驗，不，事實並非如此——那是一場龐大、困惑又傷人的混亂。我傾向不把人看成尋求另一半的一半，那是融合模式的觀點，而是把人視為多面體，一個有著許多面向的球體。即使是完美小姐或滿分先生，這世上也絕不會有兩個多面體能夠彼此對齊。頂多對齊一小些部分而已。而這是外遇的理由嗎？是的！但卻是個爛理由。我認識一些所謂的開放式婚姻，有些是由高度富有覺察力的個體所組成。最後全都失敗了，部分原因是因為，無論雙方的協議多理性，但情感中依舊有東西在作祟。即使是在最理性的契約中，也存在著嫉妒、渴望以及想要瞭解自身處境的需求。所以，如果多面體的隱喻是合理的，我們就能將自己的某些面向和他人匹配。那肯定代表著我們有和不同朋友交往的理由，但這肯定不能逾越性的界線。

承認人格的多面體意象將使個體得到解放，儘管那會威脅我們的配偶，而這也可能讓我們得以選擇發展。對處於第一成年期的人來說，外在的他者仍是主要的支持來源，因此多面體模式對他而言是個威脅。這是很自然地，由於內在小孩以及他的所有需求，都認定解方來自外部，「外面會有某個人來療癒和修復我。」但當人最終經歷了外遇的興奮、疲憊與沮喪時，他可能就會想自問這一切有何意義。當這麼多人都有外遇時，人們可能會說這個模式肯定有重大意義。我認為它的意義在於：情緒上很擴散，概念上很具體。

62 原註50。私人溝通。

中年危機的意義是迫使我們回到過去，並拾起那些在發展過程中遺落的東西。既然那些未發展的東西會在我們意識下方激盪，就表示它依舊處於未知。在無意識的神祕掃描下，處於無意識的東西會被整齊投射在未發展好的領域。它尋求的是完成，是完整。這種對完整性的追求有什麼好驚訝的？但是，你可以把這整件事向戀愛中的人解釋看看。由於未知的浩瀚依舊，所以外遇仍會持續下去。是的，外遇中的他者可能會被證明是一個完美的人——真正的靈魂伴侶。如果對方沒有一點這樣的特質，投射一開始就不會發生。如果新的關係能繼續下去，那麼人可能會整合某些在第一成年期失落的東西。我們或者相當幸運，或者非常沮喪。

或許整件事最困難的任務是學習在關係的脈絡下肯定自己的分離（seperatedness）。反覆出現在整個討論過程的主題是，人在對自己的幸福負起必要責任的同時，也要能對他人做出持續的回應。即使人獲得了更大的獨立性，依附也肯定需要持續。正如外遇能連結那些我們在婚姻中未被滿足的需求，婚姻則因未滿足需求的持續累積而充滿怨憤。世上最容易的事就是責備他人。這是為何外遇者會辯解說：「我可以跟你說，但沒辦法跟家裡的人講。」

實際上，人跟伴侶說的東西會多於一個相對陌生的人。婚姻中的對話已經包覆了太多禁忌、重複與失望，以致於人放棄了在伴侶的平凡中與他人真實相遇的希望。此外，外遇中的神祕他者無疑會吸引並體現出我們多面體自我未發展之處的投射。當人與自身靈魂的反射相遇時，會感覺這是上天的神祕安排，婚姻在此是很難有機會勝出的。因此，雙方必須付出很大的努力才能從外遇中拉回來，並把那些失落的部分，未嘗試過的對話，帶回原本的伴侶關係中。

我見過太多人，只有在治療中或離婚法庭上，才願真實地分享他們的感受、願望和過去的傷痛。與其說婚姻失敗了，不如說從未嘗試過。如果婚姻如尼采所言，是一段偉大的對話，多數婚姻根本不合格。對另一半真誠分享個人的內心世界，這件事很少發生。人們可以住在一起，生小孩並養家餬口，但卻從未真的理解他們伴侶的奧祕。這樣的結果有時令人異常悲傷。

婚姻相當有可能進入中年之路的漩渦，如果，注意我說的如果，如果兩人願意再次成為兩個分離的人，並對這樣的分離展開對話，那麼婚姻就可能在解構後再次重組。人必須承認婚姻存在著弔詭，雙方結合之前必須有偉大的分離。婚姻治療或許可以講述衝突的解決方法、錯誤策略的識別與修正，以及成長計畫的擬定。這顯然很重要，也有助於改善婚姻體驗，但真正的重生不會就此發生，除非雙方做出改變。在關係得到轉化之前，每個人都必須成為更完整的個體。一段婚姻只可能和各自雙方的發展水準一樣好。

因此，中年婚姻的轉變包含了三個必要步驟：

(1) 雙方都必須為自己的心理健康負起責任。
(2) 雙方都必須承諾分享個人的經驗世界，不因過去的創傷或未來的期盼而責怪對方。同樣地，他們也要承諾，會努力地以不批判的態度來聆聽對方的經驗。
(3) 雙方都必須承諾維持長期的對話。

這三個步驟的要求很高。如果做不到，那麼其他選項就是讓婚姻觸礁或解體。真誠的對話是長期承諾的意義所在。無論有沒有結婚儀式，真正的婚姻都離不開真誠的對話。只有真誠的對話，充分分享自己的感覺，同時聆聽對方的感覺，才能實現親密關係的承諾。人只有對自己負責，擁有某種程度的自我覺察，具有承受與真正的他者真實相遇的彈性，才可能投入到真誠的對話中。

愛上伴侶的個性是一件非凡的事，人會因此進入關係的真實奧祕，被帶入第三空間，那不是你加上我，而是我們，這比雙方彼此來得大。

從孩子到親子

我前面曾提到，中年之路的特徵之一是親子關係的改變。我們不只是在新的權力背景中與父母互動，我們也看著他們衰老；但更重要的是，我們開始學著將自己與父母區別開來。中年時，或許沒有哪個任務比脫離親子情結還重要，原因很簡單，因為它們強力支持著前面提到的假我，也就是第一成年期的暫時性認同。除非我們能認知到第一成年期的反應性特徵而非它的生成性（generative）特徵，否則我們無法成為真正的自己。[63]

無論人的童年經驗是糟糕還是美好，世界的力量都源於「外面」，在大人身上。小時候我曾見到爸爸將魚鉤從手裡拔出來，他既沒怕也沒哭，這讓我印象深刻。我的結論是，大人比較不會覺得痛，或者更有可能的是，他知道如何控制他的痛。我希望他能教我這個厲害的技巧，因為我知道自己很怕痛。同樣地，在對青春期一無所悉的情況下，我注意到那些八年級以上的學生，他們的身體突然變大了，他們去了一個叫高中的地方，並掌握了我所欠缺的知識。這些轉變怎麼來的我不知道，但我猜「有人」把年輕人帶去旁邊，並教他們怎麼成為大人。我很困惑，因為那些曾經幫助我們祖先進入成年期的通過儀式在我們這個時代消失了。讀者可能跟我一樣失望，我們快樂地來到大人的世界，卻未得到啟蒙，只發現了粉刺與性的困擾，此外，還日漸意識到那些「大人」自己也不曉得任何魔法。

我們對第一成年期的認識，並不是由於我們瞭解了自己或外界，而是基於父母與體制模式的教導，我們依賴它們但卻感到困惑。正如華格納（David Wagoner）在《單面英雄》一詩中所言：

> 我選擇了他們告訴我應當選擇的：
> 他們溫柔地告訴我，我是誰……
> 我等待，並好奇該學些什麼……
> 噢此刻，我又一次對出生感到盲目。[64]

親子情結有幾個層面必須在中年時加以經歷。在最內心的層次，對父母的體驗就是對生命本身最原始的訊息，它是支持性的還是傷害性的？是溫暖的還

63 譯註13。反應性特徵指的是我們的行為是在制約下被動學來的，而生成性特徵指的則是這些行為是我們主動創造來的。作者的意思是人在中年要認識到，我們過去的行為與價值觀，其實都是基於對父母情結或成長環境的被動反應，當中很少很帶著覺察。

64 原註51。*A Place To Stand*, p.23.

是殘酷的？父母的形象是促進了還是加深了孩童天生的焦慮？這就是核心焦慮形成的原因，而這是我們所有態度與行為的基礎。

其次，親子經驗是人與權力和權威的首次接觸。找到個人自身的權威是中年時期的核心要務，否則到了第二中年期我們還是會被孩童期的不合理想法所支配。但我們是根據什麼權威，也就是根據什麼規範性的價值觀來生活的？是誰說的？多數成人會花許多時間來「確認」。因此，人必須試著把自己的內在對話意識化。有多少次，我們會向腦中無形的存在諮詢他們的意見或請求他的允許？內在對話比我們所能想像的還要根深蒂固和隱蔽。那個在「確認」的「我」是誰？「他們」是誰？這些內在權威有很大的機率是父母親或他們的代理人。

這種「確認」的反射性質令人震驚。只有當人在因為某個決策或衝突而感到壓力時，才會注意到它，並與之搏鬥。當我們能夠停止並簡單地問出「此刻的我是誰？我的感覺是什麼？我想要什麼？」時，人才會脫離反射模式，活在當下。這個「確認」模式的潛在本質是活在過去。我認識一個人，只要他講私事或談到別人的事情時，他就會回頭望，即使是在晤談室裡也一樣。他把這個行為稱做「德式瞥看」(The German glance)。他成長於納粹時期，就像他的同代人一樣，他學會了每當講到私事或可能觸犯權威的事時就回頭望，以確認沒人在身後。儘管五十年過去了，他與自己青少年時的居住地相隔了四千英里，他的身心依舊記得要「確認」。因此我們也都會反射性地向過去的權威尋求確認。

對許多人來說，宗教在此事上扮演主導地位，由於缺乏在沒有罪惡感的前提下能自由表達個人感受的環境，他們的情感變得相當幼稚。我曾見過專制與缺乏覺知的神職人員，他們對人帶來的傷害比好處還要多。罪惡感與被群體排斥的威脅充當了個人發展的強力威懾。(我們的祖先會把流放當作嚴重的懲罰並不令人意外。正統的猶太人會為離家在外的人吟唱卡迪什〔Kaddish〕，即死者的禱文；阿米什人則會「迴避」那些生活方式與他們不同的人。)從團體中被流放是權威給予的巨大威脅。沒有一個孩子能忍受失去父母的認可與保護，所以我們會反射性地抑制天生的反應。用以抵抗排斥焦慮的防衛機制，我們稱為罪惡感。失去家的威脅如此巨大，失去雙親的恐懼如此強烈，因此我們某種程度上都會持續做確認。「德式瞥看」就在我們心裡，無論我們的身體有沒有動作。

若沒有活在當下以及自我界定的能力，人就會持續成為過往的囚犯，與他的天性和成年期變得疏離。意識到這種不真實性一開始會讓人低落，但最終會讓人解放。承認自己投射在配偶、老闆、教會或國家等外部權威的依賴，真的很讓人自卑。即使在今天，選擇一條自己的路也很嚇人。就如一位個案最近對我說的：「曾經有人告訴我，考慮自己就是自私。即使到了今天，我在對自己使用**自我**這個字的時候，還會覺得有罪惡感。」

與處理父母情結以及爭取個人權威相反的是，一個人會投注多少認同在孩子身上。許多父母將自己未活出的生命投注到子女身上。前面提過的經典案例是直升機父母。在詩人希微・普拉斯（Sylvia Plath）自殺後，她的母親甚至還試著掌控她女兒的生涯。孩子常會接受到來自這類父母的混淆訊息。「只要獲得成功，你就能讓我開心。但別太成功，以免你把我拋在身後。」因此孩子經驗到的父母愛經常是有條件的。父母對同性別孩子的認同通常很強烈，他們也會無意識地藉由異性別的孩子來活出自己的阿尼瑪或阿尼姆斯。許多男孩就攜帶著他們母親的野心，許多女孩子則攜帶他們父親的阿尼瑪，就如蓋爾・高德溫

（Gail Goldwin）在《憂鬱父親的女兒》（*Father Melancholy's Daughter*）中所說的。在這類投射中，最極端的案例是性虐待，父母的阿尼瑪或阿尼姆斯僅以兒童期的水準在運作。

帶著愛意保護和養育子女跟不恰當地透過孩子活出自己，這兩者只有一線之隔。再說一次，榮格指出，孩子最沉重的負擔是父母未曾活出的生命。舉例來說，當父母自己的生命被焦慮所阻礙時，孩子就會發現他很難克服障礙，甚至會無意識地效忠於父母的發展水準。但活出個人生命的父母，並不會無意識地嫉妒，或無意識地將個人期待與限制投射在孩子身上。父母親的個體化程度越高，孩子就越自由。卡明斯（E.E. Cummings）描述了這種關係：

——我說，儘管仇恨是人們呼吸的原因——
因為我的父親活出了他的靈魂，
愛是一切的總和，而且大於一切。[65]

65 原註52。"My Father Moved Through Dooms of Love," in *Poems 1923-1954*, p. 375.

林肯曾說：「正如我不願做一個奴隸，我也不願當一位主人。」[66]因此，我們希望自己的父母能賦予我們成為自己的自由，我們也必須給予孩子同等的自由。我們必須奮力成為自己，也常希望父母親能認知到，我們從一開始就注定走上不同的路。所以我們必須放孩子自由。我們會觀察到，青春期子女與父母的摩擦是打破相互依賴的自然方式。然而多數父母在為孩子離家念大學、找到工作或結婚而高興的同時，也會感到有一點失落，這個部分就是投射在孩子的部分。我認識某些父母，每天都會打電話給自己的成年子女，有時一天還打好幾次。這是一種祕而不宣的相互依賴，對小孩一點好處也沒有。它阻礙了孩子掌控第一成年期的必要性。

許多父母對子女很失望，原因是他們沒有念對的大學或與對的人結婚，或可能是因為他們沒有擁護對的價值觀。他們的失望源於他們把孩子視為個人的延伸，沒把他們當成是擁有自身獨特道路的不同人。如果我們真心愛自己的孩子，唯一能為他們做的最好的事，是盡量使我們自己成為一個個體，因為這會使他們自由，使他們能走向同樣的路。

與流行的假設相反，分析師並沒有一套教導當事人如何實現個體化的方案。分析師會試著促進後者的內在對話，信任自性的聲音會顯現，並期待當事人開始相信他的內在真理。這個方法把病人視為值得尊重並能活出神祕召喚的個體，而神祕召喚的開展就是生命的目的。我們也應這麼對待孩子，他值得與眾不同，他對我們沒有任何義務。他們並非為了照顧我們而出生，反而我們是為了照顧他們而存在。正如婚姻，它的任務是去愛上他者的個性。為自己不是完美父母而內疚，或試著保護孩子讓他們免於生活的試煉，並不算善待他們。控制慾使他們活出了我們未完成的生命，使他們複製我們的價值觀，這並非愛；那是自戀，而且那會阻礙他們的旅程。成為個體已經非常艱難了，為什麼他還要背負我們的期待呢？如果我們還沒準備好放手，請記得，在踏上中年之路時，放手不僅對他們有幫助，對我們也相當必要，因為它會為我們的進一步發展釋放能量。

66 原註53。*The Lincoln Treasury*, p.292.

另一個在中年期必須加以面對的父母情結的面向，是親子關係的經驗如何影響我們發展親密關係的能力。孩子所面對的親密關係模式影響重大。青春期的我們通常認為，自己會選擇跟父母親不同的伴侶，採取某種不同的關係建立模式，也能避免掉父母在婚姻中所犯的錯。猜猜看！只要父母情結依舊活躍，人們還是會選擇同樣類型的對象，或者因過度補償而選擇相反的對象。因此人在中年會驚訝地發現，原來他比自己以為的更像父母，而他的關係也會遵從某些與父母類似的模式。因此，中年期的自我改變可能得嚴格審視自己的親密關係。無論伴侶是否願意，內在改變通常會一併帶來關係的改變。很遺憾，有時父母情結過於深刻，以至於難以挽回地影響了婚姻。（父母情結對婚姻所產生的外溢效果，類似於軍方描述平民傷亡時所說的「附帶損害」。）

回想一下榮格對情結的概念。它代表一種充滿了能量的情緒集結，它是從心靈中分裂出來的部分自我，因此能夠自主運作。它本質上是情緒的反射，其強度取決於源頭的力量或持續時間。某些情結是正向的，雖然我們會比較關注那些生活中比較負面和干擾性的情結。很明顯，由於父母親在幼年生活中具有重要角色，因此父親情結與母親情結的影響力非常大。或許藉由詩人的作品，可以戲劇性地說明正向與負向的父母情結。

許多當代詩人已經放棄了他們前輩詩人的想法，不再認為他們可以描述整個時代精神。相反地，他們的作品反思了個人的生活，在那裡尋求某些意義，並希望藉由文字的力量去觸碰他人的生活。這類的詩，經常被稱為「自白」，它既具有私密的個人性，又因我們共享同樣的人類處境而具有普世性。讓我們看看美國當代詩人史蒂芬·唐（Stephen Dunn）的三首詩。第一首詩稱做〈家裡的日常事務〉（*The Routine Things Around the House*）。

當母親去世後，
我想現在我該寫一首悼亡詩了。
這點不可原諒。
然而我還是原諒了自己。

我所做的事，
就像被母親深愛過的兒子那樣。

我凝視著棺材，
想著她曾活了多久，
人生有過哪些機會。

在甜美的回憶中，
很難精確地知道，
我們如何舒緩自己的傷痛，

但我記得我十二歲的時候，
1951年，在世界
展現其面目之前。

我曾問過母親（我顫抖著）
我能否看看她的胸部
而她將我帶進房間

不帶困窘或害羞
我凝視著它們，
不敢再要求得更多。

現在，多年之後，有人告訴我
沒有母愛的巨蟹座
是受詛咒的[67]，而我，一個巨蟹座，

67 譯註14。根據占星學的說法，巨蟹座是個重視家庭氣氛，溫暖又愛家的星座。因此詩人才說沒有母愛的巨蟹座是受詛咒的。

卻感覺再次受到了祝福，多幸運
能擁有一位母親
願意展示她胸部的母親

當同齡的女孩們
身材發展不一時，
多幸運

母親並沒有詛咒我
不多也不少。
如果我提出想要觸碰胸部的要求，

甚至想要吸吮它們，
她又會怎麼做呢？
母親，一個死去的女人

我想是她讓我
能夠輕易地愛上女人，
這首詩

獻給
我們駐足之處，以及完滿的
缺憾。

也獻給你的保守祕密，
開始為家裡的日常事務
而忙碌。[68]

68 原註54。*Not Dancing*, pp.39-40.

唐很顯然在這裡處理的是自己的母親情結，因為他不僅能記得過去，還能見到它對現在造成的影響。去意識這類經驗及其無聲的作用力，是中年之路的必要功課。

在這首詩中，人們可以見到一位母親所帶來的各種正面影響。最重要的是，詩人因為母親的愛，而能夠接納，或甚至原諒自己。除非我們能感受到來自父母的肯定，否則我們無法愛自己。其次，唐理解到他對女性的首次經驗非常正向，這使他能將這份信任與愛轉移到其他女性身上。很明顯地，此處的他踩在危險的土地上，即使身為孩子，他也踩入了禁地。拜訪他者好比造訪一顆陌生的星球。如果人的首次拜訪能受到支持，後續的拜訪也同樣類似。母親的第三個影響是她的智慧，前兩個是感受到被愛的經驗以及遇見他者的神祕。舉例來說，她知道必須尊重孩子的求知慾，既不能摧毀他者的神祕，也不能侵犯女性的隱私。另外值得注意的是，當事人的回憶位於一個尋常的情境，其影響力的重點在於事件的無創傷性與正面心理。

除了維護孩子的安全之外，父母最深層的角色是原型性質的。也就是說，無論孩子從父母身上經驗到了什麼，他們都會以楷模的角色啟動孩子內在相似的能力。

很自然地，父母本身也是另一對不完整父母的孩子，也只能示範和傳遞他的個人經驗。因此，受傷與殘缺不全的靈魂，其遺產會代代相傳。孩子的兩大需求是滋養與賦權。滋養意味著世界會為我們服務，並和我們一起做出努力，在身體與情緒上支持與餵養我們。賦權意味著我們擁有足夠的本錢，使我們能面對生活挑戰並爭取我們想要的事物。雖然父母親都能同時滿足滋養與賦權的需求，但滋養在原型上與女性原則相關，賦權則與男性原則相關。

在一首長篇的組合詩《遺產》（*Legacy*）中，唐追蹤了他父親在家族故事中的角色演變。當中的第一首詩叫做〈照片〉（*The Photograph*），代表著孩子與賦權原型的相遇。

我的父親在司塔恩船長，
一間位於亞特蘭大市的餐廳。
那是1950年，

我也在那裡，當時11歲。
他比任何人
賣了更多富及第的家電。這就是我們在那裡的原因，
每件事都免費。
那是在房內的人們開始
竊竊私語前，在傳喚作證之前
在生活被毀了之前。

我的父親在微笑，我在微笑。
有一碗蝦
在我們前面。
我們穿著相同的襯衫，
短袖口上畫著小帆船。
這是在粗野和幸福之間
開始出現差異之前。

很快我就會起身
而我的弟弟就要坐在他身邊。
媽媽會按下快門，
我們相信公平，

我們依舊相信美國
是一首祈禱，一首國歌。
雖然他的髮線不斷後退
我父親的臉卻說著
沒有任何事可以阻止他。[69]

我們從這些詩句中，可以感受到詩人的懷舊之情。相機捕捉到了某個瞬間，某個瞬間的真相，某個身處於眾多真相之中的真相，儘管如此，它依舊真

69 原註55。同上，p.41.

實。這個世界該怎麼衡量？對艾略特（T.S. Eliot）來說，「我們用咖啡勺⋯⋯、唯一的紀念碑，水泥高速公路以及無數弄丟的高爾夫球來衡量我們的生活。」[70]對這個父親和孩子來說，則是比別人的爸爸賣掉更多的富及第牌家電。即使現在失去了童年與虔誠的美國，但「我父親的臉卻說著沒有任何事可以阻止他」。我們能感覺到父親將神祕傳遞給了孩子，即使是母親揭開了神祕的面紗，解放了這個未來的男人。

未曾目睹過這些神祕的孩子，他們在走第一成年期之時會有多不同呢？當父母親示範的樣子是謹慎、恐懼、偏見、共依附、自戀與無力時，孩子的第一成年期就會受到這些行為所影響，或者瘋狂地尋求補償。將自己所知的事物與父母所傳遞的訊息分開，是第二成年期的必要前提。

唐的另一首詩描繪了排序重要問題的任務。「我哪一點像我母親？」「哪一點和她不像？」「我與父親有何不同？」「有多不同？」「誰對我的影響更大？」「當事情發生時，另一個人在哪裡？」「在不同的時空裡，我的旅程會是什麼模樣？」這都是必要的問題。答案不總是現成的，因為攪亂我們的通常是無意識，而我們只能從重複的模式、心理治療，或者洞察出現的瞬間來加以辨認。

〈無論如何〉（*Regardless*）的創作時間與前一首詩相隔十年，唐在這首詩裡開始了這個過程。

曾經，我的父親在颶風來襲時
帶著我去洛克威
看海洋如何洶湧

這讓我的母親很生氣，她的愛
是正確的、保護性的。
我看見木製的碼頭塌毀。我看見海水

上升到海灘上的木板路，感受到海浪的狂野。
那天晚上：沉默充斥於晚餐時光，
更寒冷、更熟悉的風暴誕生。

70 原註56。*The Complete Poems and Plays*, p.5.

我的父親總是因愉快的錯誤
而惹上麻煩。母親等著它們，帶著警覺，
就如受壓迫者
等待著他們的歷史時刻。

平常日，六點之後，我騎著腳踏車
前往艦隊街的小酒館
幫父親送去晚餐。他所有的朋友
都在那裡，精神抖擻的孤獨愛爾蘭人，
充滿歡聲笑語。
他在那裡令人羞愧，
催他回家令人羞愧。我不過是一個男孩
剛學會去愛上風，

而無論如何，風都會走上自己的路。

我一定曾經認為

剛剛發生的事是一種損害。[71]

我們再次見到，父母是孩子與神祕（颶風橫掃著大海）之間的中介，那時的父親是一位引路人（psychopomp）[72]，亦即迷途者的靈魂嚮導。母親的保護性是正確的，但卻束縛了孩子，那也是一種愛的形式，孩子兩種都需要。這兩種愛（eros）在餐桌上碰撞，孩子則夾在中間。颶風的隱喻暗示著其他更黑暗的風暴。然而夾在父母中間的孩子，對叫父親回家很羞愧，對成為傳話的中間人很羞愧。羞愧是孩子內化的記憶，他被夾在兩人中間，他愛著雙方，需要著雙

71 原註57。*Landscape at the End of the Century*, pp. 33-34.

72 譯註15。引路人是榮格從人類學那裡借用來的術語，本意是不同文化中帶領亡者去往陰間的神靈嚮導，榮格常用此術語來稱呼阿尼瑪或阿尼姆斯，因其會帶領當事人進入無意識。

方，但無論如何，他也需要跟隨內心之風的方向。多年之後，這些事情被視為傷害。我們想問，是什麼傷害？它會造成什麼影響？此刻的它會如何影響你和其他人？其他的詩則反應了其他的問題。

只要它依舊處於無意識，我們就會持續感到悲傷、憤怒，或背負著父母未活出的生命。內疚同樣如此，因為內疚意味著我們與他人的傷口相連。我們最終只能藉由心的品質來評價他人，這並不是說他們沒有危害自己及他人。在唐這三首詩中，我們可以同時看見正向與負向的父母情結在運作。再次強調，情結是不可避免的，因為人都有過去。我們過去沒有意識到的事，會滲透我們的現在，並決定我們的未來。我們感受到被滋養的程度，會直接影響我們滋養他人的能力。而我們所感受到的被賦權的程度，則直接影響我們主導自己生活的能力。我們能冒險去建立關係，或甚至能將它想像成具有支持性而非傷害性的程度，則會直接促成我們與父母情結進行有意識的對話。

我們當中許多人的父母受了傷，他們無法滿足我們所需要的滋養或賦權的原型需求。人到中年時，檢查這段個人史是很重要的。我曾聽說，心理治療是把個人的不幸怪在父母頭上。剛好相反，我們對人類心靈的脆弱越敏感，就越能原諒父母帶來的傷害。最嚴重的罪行就是讓自己保持在無意識狀態，這是我們無法承受的罪。無論我們在何處找到自己的傷，在過往中找到什麼缺陷，我們都有義務在傷口及缺陷處照料自己。

當然，要達成我們在原型上沒有被激發的部分是非常、非常困難的。沒有巨大的風險，就不可能完成任何事，因為人們必須冒險進入充滿恐懼的未知領域。如果我曾被父母背叛，我會發現自己很難信任別人，因此也很難冒險開展親密關係。我可能會害怕異性。我可能會破壞我和異性的關係，從一開始就做出錯誤選擇。如果我不能肯定自我的價值，我就會害怕失敗，逃避成功，讓自己不斷陷入逃避生活任務的循環中。即使我覺得腳下沒有地板，我也會一步接著一步，每次都留下一點成績，直到我搭建起自己的舞台。

若不能認清那些原始訊息的來源，不能認清它們源於其他人的生活，那我們就無法完成任何成就。我們的任務是活得更充實，如果沒有來自早年生活的明顯支持，那我們就無法成功。榮格曾觀察到，除非我們能將父母親視為其他成人，否則我們就不能長大。父母對我們的成長過程來說肯定很特別，或許還受過傷，但最重要的是，他們只是那些走向了，或未能走向自己開闊人生路的人。我們肯定也有自己的旅程，那足以帶我們超越個人的過去，充分開展我們的潛能。

職業世界：工作與使命

在中年時，沒人需要被提醒經濟現實的重要。人到中年時，即使我們很擔心退休生活的貧困，但肯定都聽過那句老生常談：錢不能買到幸福。而金錢，就如同我們在第一成年期的其他投射一樣，可能只被視為普通的紙張與金屬，雖然有用但並不具備任何終極的意義。所以，我們每個人都有經濟任務與經濟創傷。對許多負責照料家庭的女性來說，經濟自由是她們未被賦予的權利。對許多處於中年期的男性來說，他們被孩子的牙齒矯正帳單和大學學費所苦，經濟的重擔是一件緊身衣，永無止盡地束縛著他們。

為了滿足這些現實，我們多數人得終身工作。對某些人來說，工作是情感上的寄託；但對其他的人來說，退休的夢想就像沙漠裡的綠洲在向我們招手。正如佛洛伊德相信的那樣，工作可能是健康的必要組成，但這類工作指的是什麼？工作和使命兩者之間有著極大的差別。工作指的是我們用以滿足經濟需求的賺錢手段。使命（英文的 vocation 源於拉丁文 *vocatus*，意指召喚）則是我們被召喚去做的事情，它需要生命能量來完成。感受到自己的生產力是個體化的必要部分，人若不回應召喚會使靈魂受到傷害。

並不是我們選擇了使命，正好相反，是它選擇了我們。我們唯一的選擇是該如何回應。有些人的召喚是去滋養他人，有些人可能會在藝術得不到重視的年代裡被召喚成為藝術家，儘管會被忽略，甚至拒絕，仍能堅定地說「是」，這樣的堅持支撐著他們。卡山札基（Kazantzakis）的小說《基督最後的誘惑》（*The Last Temptation of Christ*）寫出了這份矛盾。拿撒勒的耶穌只希望自己能像他的父親一樣，成為替羅馬當局製作十字架的木匠。他想和抹大拉的馬利亞結婚，住在城郊，騎著健壯的駱駝，生養兩個小孩。但內在的聲音，他的使命，卻召喚他前往不同的地方。他最後的誘惑，是體驗到來自父親的孤獨與遺棄，是放棄召喚並成為一位普通人。當他想像了那種生活方式後，他意識到他會因背叛個體化而背叛自己。藉由向自己的召喚說「是」，耶穌成為了基督。所以榮格才說，效仿基督的正確方式，指的並非效仿拿撒勒人從前的生活，而是充分活出人的個體性，活出人的使命，就如耶穌將自己活成了基督。[73]（這就是聖保羅〔St. Paul〕在說到「不是基督，而是在我之內的基督」這句話時的意思。[74]）

我們的使命很少是一條筆直的路，而是一連串不斷開展變化的彎路。有份報紙最近提到，每一年都大約有40%的美國人會更換職業，不是工作，是職業。當然了，這樣的變動與轉換部分原因是經濟情況轉變的結果，但當中有許多人改變了他們的生活。我們現在的壽命更長了，沒有什麼能阻止一個人從事多項職業，每份職業都激發了多面體自我的某一個面向。

當然，經濟的必要性不能忽視，但自己的選擇也要加以考慮。人可以讓自己的一生被經濟所奴役，或者他也可以說：「這是我謀生的手段，用來繳必要的帳單，那就是我的靈魂得到補充的方式。」舉例來說，我認識一個擁有哲學博士學位的男人，他每天早上三點開始送報紙直到八點。那是一份不用動腦的工作，單純為了付帳單，一天中的其他時間他便是個自由人。他找到了工作與使命之間的平衡，並讓兩者都為他服務。

有些人能夠將自己的工作與使命相結合，儘管他們得為此付出很大的代價。諷刺的是，強烈的使命有時甚至會要求犧牲自我的慾望。但人無法對使命提出要求，人只能被它要求。然而，一個人的生命意義中有很大一部分，就源於當使命向我們提出要求時，我們能對其說出「我願意」。自我並未主宰生活，它對生活所知甚少。正是自性的神祕，令人驚畏地要求我們變得完整，而我們使用能量的方式在我們的旅程中扮演著重要角色。

73 原註58。"Commentary on 'The Secrete of the Golden Flower,' "*Alchemical Studies*, CW13, par.81.

74 原註59。Galatians 2: 20. 譯註：查《加拉太書》第2章第20節並無此語，原文應為「我已經與基督同釘十字架；現在活著的，不再是我，乃是基督在我裡面活著。」(I have been crucified with Christ and I no longer live, but Christ lives in me.) 作者霍利斯的原文「Not Christ, but Christ within me.」應是對這段經文的簡要表達。

當我們承認並收回金錢與權力所代表的投射時，我們就被迫以激進的形式詢問自己：「我的召喚是什麼？」這個問題必須定時自問，而我們必須謙卑地聆聽答案。在個體化歷程中，我們可能會被召喚前去展現各種類型的能量。就當我們達到平衡時，生活可能又會從底層被破壞，召喚我們前往新方向。無論我們的社會負擔或經濟壓力有多大，我們都必須反覆自問：「我的召喚是什麼？」然後藉由計畫、代價與足夠的勇氣，我們必須找到完成它的方法。

犧牲自我以及它對便利生活與安全感的需求是痛苦的，但比起日後我們回顧自己的生活並為了沒有回應召喚而悔恨，這份痛苦連一半都不到。人的使命是盡可能地充分成為自己，人的任務是找到實踐它的方式。評價一個人的不僅是他有無一顆善良的心，也包括他有無充足的勇氣。放棄我們想保有的安全感或許令人畏懼，但那比不上否認自己的召喚，並拒絕成為更偉大的人。靈魂有其需求，而薪水與津貼是無法讓它滿意的。

劣勢功能現身

現代世界的複雜性產生了許多專家，用以滿足各種需求。因此，從小學開始我們就被根據功能與性向分組，並朝向專業化發展。我們越專業，人格受損以及靈魂鈍化的風險就越高。在商業與專業訓練的重擔下，人文科學的重要性受到侵蝕。我們因此被學科考試的狹隘定義給束縛。榮格對神經症最簡單的定義是「人格失去統一」，亦即人格的片面性。[75]這個定義涵蓋了我們所有人，特別是由於前面討論過的後天人格的反應性特徵，也因為西方社會的教育本質。我們受的訓練越多，我們的人格就變得越狹隘。

1921年，榮格出版了一本書，描述了八種人格類型，那代表著我們經歷現實的不同方式。[76]他使用的兩個術語——「內傾」與「外傾」——已經成為了我們日常的語言。每個人都擁有四種功能，包括思維、情感、感官與直覺，只是比例不同。主導功能是我們最常反射性使用的功能，為的是引導我們面對

75 原註60。"Psychological Factors in Human Behavior." *The Structure and Dynamics of the Psyche*, CW 8. Par. 255.
76 原註61。*Psychological Types*, CW6.

現實。我們的類型似乎有著基因的基礎，雖然肯定會受周遭的人所影響。內傾或外傾的意思是，我們傾向將現實視為內在或「在外面」的東西。因此，舉例來說，外傾感官型可能會被外在世界所吸引，並成為工程師或廚師；內傾思維型的人可能會成為學者，但如果讓他去賣二手車可能會釀成災難。

我們的主導功能通常出現得很早，每個人都會盡可能地使用這些主導功能。此外，正如上述，我們會迅速根據自己擅長的東西把自己分類，並進一步鎖定我們的專長。我們受的訓練越多，在那項訓練上就會越成功，我們的視野與人格也會變得越狹隘。社會會為此獎賞我們，我們也會與之共謀，因為比起使用笨拙的功能或得到比較低的獎賞，使用我們的主導功能會比較輕鬆。[77]

主導功能的概念並不意味它比較好，僅僅是發展得更好和使用得更多。劣勢功能意味著它是人們在求助時最少使用的功能，也是讓人感覺最不舒服的。因此，思考類型並非沒有情感，但檢視某件事的意義，思考如何使用它，該在哪裡存放它，這是思考型功能最反射性的作用方式。這類人的情感生活會以比較原始及更為粗糙的方式出現。

在中年之路上，心靈中較未發展的部分會吸引我們的注意。榮格認為佛洛伊德是情感型，他用他聰明的心智建構了一連串合理化的說詞去為他激烈的情感辯護和防衛。當他的同僚轉向或離開時，他認為他們是一群叛徒。他沒有冷靜地闡述他的理論，並把它們訴諸公眾的意見，而是用它們來捍衛自己對生活的情感導向。另一方面，榮格則是外傾直覺思考型[78]，他關切的主題範圍廣闊，包含思覺失調症、煉金術與飛碟。他擁有直覺型的「發散性思維」，但卻缺乏感官型的線性邏輯。為了和自己劣勢的感官功能互動，他會去烹飪、雕塑和作畫，這全是為了將自己的劣勢功能帶入意識。

我們在中年時會感受到很多壓力，部分來自外在，部分來自內在。有些內在壓力源於此事實：我們會和社會共謀，忽略人的全體。我們喜歡那些對自己

77 原註62。這裡對類型學的討論很表淺，感興趣的讀者可以閱讀建議的參考書目。在主導人格類型的幾份測驗中，最簡單的是自問哪個生活領域容易，哪個困難。喜歡修理汽車或保持帳目表平衡的人，通常不會喜歡讀推理小說。同理，善於和人交往的人，對設計電腦軟體這種孤獨的工作也不會感興趣。

78 譯註16。榮格本人通常被視為內傾型，但原文寫的是extraverted，應是作者的筆誤，特此說明。

而言比較簡單的事物，我們會因多產受到獎勵，而非完整。我們在夢中會活出人格的另一面，因為劣勢功能是通往無意識的暗門。如果我們要發展成為個體，或者想增進我們的關係，就得嚴肅地面對類型學的問題。

榮格的類型理論並不是把人加以分類的另一種方式。關於類型學的知識，有兩種主要的方法可以幫助我們理解。第一，雙方衝突的最大單一因素是彼此都有不同的類型導向。奈爾．西蒙（Neil Simon）的著名話劇《古怪的伴侶》（*The Odd Couple*）中有一個版本各有不同的笑話，但都是基於兩種不同類型的相互對抗。奧斯卡（Oscar）與菲力克斯（Felix）處理現實的方式恰好相反，一方把髒亂的房間視為混亂，另一方則認為那裡每樣東西都很方便、順手。雙方都覺得自己是對的，並認為另一個人是豬頭。眾所皆知，人際關係，特別是婚姻，會因為類型不同而造成麻煩。承認我們的伴侶可能是另一種類型，這會促進善意，並對減少壓力和誤解有很大的幫助。

關於主導或優勢功能的知識，也是跟劣勢或不足有關的知識。它告訴我們人格有哪些方面需要發展，既是為了更適應外部世界，也是為了平衡我們的心靈。用具體一點的話來說，我們需要去處理我們通常會逃避的工作，例如那些我們常會請求配偶幫忙掩護的事情。

我們在任何關係中都應該自問：「我在期待這個人為我做什麼？」這問題不僅適用於內在小孩的情緒議程，也適用於類型學的課題。認識人與人之間的彼此依賴，這件事的重要性更勝於誰負責割草皮，以及誰負責管帳等等。它的重要性在於讓我們成為自足的人，同時也為他者的個性而慶賀。

在中年之路上，若能看見成功也會囚禁和束縛整個人的話，這點相當有用。例如，慢跑和熱衷於運動就不僅是管理壓力的一種手段，它們也代表坐在辦公桌前面一個星期後，人再次與感官世界取得接觸。對於體力勞動者而言，心理的生活可能會喚起劣勢功能。一開始，人在使用較不適應的心理歷程時會感覺彆扭，但最終心靈會以更堅定的健康感來回應我們。在我們的文化中，人不能仰賴老闆或甚至家人的合作來協助平衡心理歷程。因此，我們更要從不同的地方擠出時間。當我們的喜好被用在餵養靈魂而不只是拿來填滿時間時，我們會更嚴肅地尋找常規運作以外的其他選擇。然而，對嘗試其他選擇的擔憂，可能會阻止我們為心靈中受到忽略的部分提供能量，即便它可能具有回報的潛力。

這是我們在中年之路上與自己相遇的重點之一：去找回那些因為專業化、忽略或禁止而遺失的部分。對類型學的思考不僅告誡我們該如何找到一項嗜好，對許多人來說，它是唯一能替太過片面的人格帶來平衡的方式。

陰影入侵

我們前面提到，自我為了回應社會化的要求，獲取一個人格面具，它花費了巨大的能量。人格面具代表著呈現給外在世界的臉孔，它同樣保護著我們的內在生活。但就如對優勢功能的依賴代表著一種不完整，人格面具同樣也只是自性的碎片之一。人格面具是處理外在現實的必須，但自始至終，未經探索的廣闊心靈也等著被我們承認。

讀者應該還記得，陰影意味著被個體壓抑的每件事物。我們投注在某個特定自我形象的能量越多，為了適應現實所發展出來的片面性就越強。我們在中年時對安全感的投入越多，陰影的入侵就越有必要，也越令人不安。

我們多數人都會對自己曾做過的某些事情感到尷尬。或許我們曾有過外遇、藥物濫用，或者拋棄那些依賴我們的人。誰不曾在凌晨四點起床，發現我們床底下躲著齜牙咧嘴的魔鬼？所有這些脫序行為，都代表我們為了獲得更多生命、為了重生所做的盲目摸索，儘管它們的結果可能對自己和他人有害。如果我們能誠實面對，我們會認出自己的自私、依賴、恐懼、忌妒，甚至是我們毀滅的能力。這不是一幅美好的畫面，但比起光明的人格面具更為全面，也更富有人性。人類最智慧的名言之一是拉丁詩人特倫斯（Terence）所說的：「沒有哪個人對我而言是陌生的。」[79]當我們把它應用在自己身上時，會發現這句格言令人受傷。

79 原註63。"Heuaton Timorumenos", in *Comedies*, p. 77.

陰影不該與邪惡畫上等號，只有在生活被壓抑的時候才算。因此，陰影飽含潛力。意識到陰影的存在會使我們成為更完整、更有趣的人。沒有陰影的人往往極端乏味而且無趣。願意允許自己最黑暗的衝動以及受到壓抑的創造力浮出表面，並加以承認，是整合它們的重要步驟。當負向的陰影內容例如暴怒、貪慾、生氣等，被無意識地表現出來時，可能具有毀滅性。但當它們被有意識地加以承認和抒發時，就會提供生活新方向與新能量。

具體來說，無論是從無意識的行為、對他人的投射、憂鬱或者身體病痛中，都能找到陰影的蹤跡。[80]

陰影體現著所有未被允許表達的生命。它體現著我們失去的感受性，若是否認它，它就會以多愁善感的形式迸發。它代表了我們的創造力，若是拋棄它，它就會使我們變得倦怠和虛弱。它體現著我們的自發性，若是壓抑它，我們的生活就會變得僵化和呆板。它代表了尚未被使用的生命力，比我們的意識人格還要大，若它受阻會削弱我們的活力。

有意識地與陰影相會在中年時期非常重要，因為無論如何陰影都會暗自運作。我們必須檢查自己在羨慕或討厭他人什麼，並承認那些事物就在我們自己身上。這能幫助我們，不能因為自己沒做的事而去責備或羨慕他人。那會鼓勵我們去承認，自己身上只有一小部分的潛能被開發出來，在追求自我的成就時，我們經常太過自鳴得意，太過小心了。它會揭示能量、創造力與個人發展的其他來源。藉由和自身的陰影對話，我們會把大量對他人的敵意與羨慕加以消除，而它們主要源於我們的投射。活出我們的生命是很困難的，如果我們能專注在自身的個體化而非被其他事情的議程給耽誤，每個人都能生活得更美好。

如果生命的意義與意識的視野有直接相關，那麼陰影在中年時的入侵就是必要的，它具有潛在的治療意義。我對自己認識得越多，就越能活出我的潛能，我人格的聲調與色彩會因此越精采，生命經驗也會越豐富。

80 原註64。我有一位分析師朋友，剛好也是牧師，他為自己教會的創建者寫過一篇專題。在創建者中年時，他早年所建立的教會已經成為一個僵化的組織，他因此想要解除自己的誓約，但未能做到，所以他在生命的最後20年裡臥床不起。或許他的陰影，他未能活出的生命，在向他復仇。

4

文學中的案例研究

「在人生旅程的中途，我發覺自己置身於一座黑暗的森林，迷失了道路。」[81]但丁的精神朝聖之旅就此展開，這為他更新了生命意義。

我在本章會討論一些文學案例而非臨床個案。正如亞里斯多德（Aristotle）在兩千五百年前所說的，藝術有時比生活更清晰，因為藝術擁抱全世界。[82]如但丁那樣，藝術家沉降至地下世界，以及帶著旅程中的故事歸返的能力，能夠以特別清晰的方式呈現我們的處境。我們不僅會被召喚前去認同特定的角色，也會將男女主角視為人類普遍處境的戲劇化呈現。因為我們共享同一個處境，因此我們可以從他們的限制、洞察與行動中學到某些東西。

艾略特（T. S. Eliot）認為，我們唯一優於過去之處，正在於我們能夠涵容它，並因它而擴大自己的生命。[83]換句話說，藉由文學與藝術，我們在面對人類時就能涵容更大範圍的可能性，且依然擁有進一步成長與發展的空間。舉例來說，哈姆雷特（Hamlet）永遠只能念出為他所寫的台詞。我們都有哈姆雷特情結，換言之，人們知道應該去做某件事，但就是沒辦法。跟哈姆雷特不同的是，我們有機會透過意識來改變劇本。

兩個寫於19世紀相當令人沮喪的經典，分別是19世紀初歌德（Goethe）的《浮士德》（*Faust*），以及19世紀中福婁拜（Flaubert）的《包法利夫人》（*Madame*

81 原註65。*The Comedy of Dante Alighieri*, p.8.
82 原註66。*Poetics*, p.68.
83 原註67。"Tradition and the Individual Talent," *Critical Theory Since Plato*, p.78.

Bovary）。它們生動表達了個體的個人困境，帶著滿滿的投射進入第一成年期，帶著困惑、憂鬱以及不再有效的生存策略來到中年期。

學者浮士德體現了文藝復興的理想，掌握了知識。他專精於那個時代的專業，包括法律、哲學、神學與醫學，「我在此處，掌握了所有的知識／而從前的我卻是個可悲的蠢貨。」[84] 藉由他的優勢功能，亦即思考功能，浮士德達到了人類學習的頂峰，但他嚐到的不是甜蜜，而是苦澀。有多少 CEO 經歷過他的失望？他獲得的越多，他的劣勢功能，也就是情感功能，就被壓抑得越多。他的思維有多精緻，情感的表達就有多原始，至此，浮士德的情感狂嘯而出，並使他陷入深深的憂鬱。他的學習令人印象深刻，但他的阿尼瑪備受壓抑。他的憂鬱非常嚴重，以至於不只一次想要自殺。他了解自己體內有兩個靈魂在搏鬥，一個渴望創作出能夠感動天地的音樂，一個卻被平庸與俗務給綑綁。在張力最高的時刻，也就是一個現代人會面臨精神崩潰的時刻，浮士德遇見了梅菲斯特（Mephistopheles）。

在歌德的觀點裡，梅菲斯特並不邪惡，因為他體現了浮士德的陰影。「我是部分裡的一部分，而那曾是整全，／是黑暗的一部分，而那孕育了光明。」[85]梅菲斯特將陰影描述為整體的一部分，它受到忽略與壓抑，它是辯證所必須，最終會給人帶來完整。

歌德的《浮士德》寓意相當豐富，可以用各種方式解讀，其中之一是中年自我和心靈分裂出去那一部分的對話。浮士德從自殺邊緣被拉回來後，他和梅菲斯特打了個賭，而不是協議，他們將前往一趟體驗世界的神奇旅行。因為浮士德代表著全人類對獲取知識的嚮往，所以他告訴梅菲斯特，如果他在這趟旅程中感受到永遠的滿足，梅菲斯特就可以拿走他的靈魂。

如我們所知，無意識或者折磨我們的內在，或者投射到外在。在一開始想自殺的憂鬱狀態中，浮士德與黑暗的梅菲斯特相遇是其生命獲得更新的轉機。但他得轉身向內，並體驗在第一成年期中被他所壓抑的東西。

84 原註68。*Faust*, p. 93.
85 原註69。同上，p. 161.

浮士德的核心相遇是與阿尼瑪的遲來約定，阿尼瑪是他內在的女性，她是情感、直覺的真理與歡樂的中心，而其外在形式則是名為瑪格莉特（Margret）的單純農家女孩。她被這位享譽世界的學者所震驚，而他也為她所迷。他拿通常用以表達宗教情感的詞彙來描述她。他對女方的激情之愛是青春期的特徵，這暗示著阿尼瑪的發展因其學術的教育過程而受到了阻礙。他們複雜的感情導致瑪格莉特的母親中毒、兄弟被殺，女方本人的心智狀態也因此崩潰。受罪惡感所縛的浮士德則被梅菲斯特帶去探索更大的世界。[86]

這段膚淺的劇情摘要把浮士德描寫成了肥皂劇中的壞蛋。確實，他在引誘與毀滅瑪格莉特這件事中並不無辜，但他無意識的發展水準與中年改變的意義才是我們此處的關切。在這些術語中，故事揭露了一個主導功能（也就是他的才智）過度發展的人，其代價則是陰影與阿尼瑪的犧牲。陰影的殘影橫跨阿尼瑪會帶來災難，就如中年外遇經常出現的那樣。[87]我們不瞭解的事物會傷害我們和他人。浮士德並非不道德，但他在無意識中具有破壞性。

我們沒有理由相信人的每個部分會一起成熟。西方社會在核子毀滅與延長壽命這兩件事上有長足的進展，但我們的道德成熟度卻依舊落後。同樣地，浮士德在外在世界的角色發展得很成功，但他的內在生活卻受到了忽略。他的阿尼瑪相較於他的才智是無意識且原始的，所以她才會以單純農家女的形象出現。這種亟欲更新的渴求，一開始會以準宗教的形式出現，實際上那是把受忽視的女性意象帶入意識的心理需要。我們都很難認識到，我們真正需要的其實是內在療癒。在外部世界尋求安慰或滿足實在容易多了。

浮士德的困境令人想起當代美國作家約翰・屈佛（John Cheever）的短篇故事《鄉村丈夫》（*The Country Husband*）。一個生意人在空難中倖存了下來，其鄉村生活因而有了翻天覆地的變化。死亡的氣息攪動著他的阿尼瑪。他斥罵著自己的妻子與朋友，和年輕的保姆陷入情網，並接受了心理治療，治療師告訴他，他陷入了中年危機。診斷結束後，他被賦予一項愛好，在故事結尾，他在自己

86 原註70。若欲了解完整的心理學研究，可參見 Edward F. Edinger, *Goethe's Faust: Notes for a Jungion Commentary.*
87 譯註17。不同的心靈元素會在無意識中彼此交疊，而非相互獨立。此處作者指的是浮士德的阿尼瑪沾染了陰影的色彩。

的地下室從事木工。在他的心中，並沒有任何事得到解決，他沒既沒學到也沒整合任何事物，自己彷彿一顆依舊在太空中旋轉的行星，生活的軌道一成不變。

浮士德與屈佛筆下的男主角都被中年憂鬱與死亡恐懼所伏擊，都透過年輕女子來療癒內心的阿尼瑪。兩人都在受苦，但卻沒有學到整件事的核心。如榮格所言，神經症是尚未發現其意義的痛苦。與中年期的相遇包含了受苦與意義的追尋，然後成長才變得可能。

在福婁拜的書中，艾瑪・包法利（Emma Bovary）就是那個農村女孩。當她見到當地的醫生查爾斯・包法利（Charles Bovary）時，她設計引誘了對方，讓自己從農村搬到他的小鎮去。她將獲得拯救的機會投射到婚姻與地位上，來使自己遠離平凡。但婚後她很快就懷孕了，並對她那乏味的丈夫感到無趣。受限於19世紀法國天主教文化的影響，她不能墮胎，也不能離婚，更不能像數十年後易卜生小說裡的諾拉那樣一走了之。她藉著讀言情小說來消磨時間，也就是現在的肥皂劇，幻想著愛人出現能將她帶離無趣的生活，走入聰明人的世界。他唆使查爾斯進行一場複雜的手術，結果以災難告終，她開始了一連串的外遇，並借錢來負擔自己的放縱花費。她的阿尼姆斯先是投射到查爾斯身上，然後帶著浪漫的拯救幻想在不同的男人之間遊走。就像浮士德，她尋求超越自身的侷限性，卻不瞭解她必須處理的是自己的內在。

我們越缺乏意識，我們的投射就越多。艾瑪的生活是一連串不停升級的投射，每個都不得滿足。她甚至發現偷情是「婚姻中的常態」。[88]最後，她被愛人拋棄，處於破產邊緣，又對不停尋找白馬王子感到絕望，艾瑪決定輕生。她讀的小說告訴她，女英雄會被送去天堂，被天使與天樂所迎接。她藉著服毒自盡來迎向最後的超越與最後的投射。福婁拜穿透了這層迷霧：「八點鐘，嘔吐開始了……」[89]她最後看見的景象並不是天堂，而是一張盲人的臉。一個她曾經在偷情時碰見的乞丐再次出現，象徵著她的內在男性，亦即阿尼姆斯的盲目。

88 原註71。*Madame Bovary*, p. 211.
89 原註72。同上，p. 230.

浮士德與艾瑪都不邪惡。他們未活出的生命迫使他們做出糟糕的選擇。他們將自己內在的異性極投射在外界的人身上，不曉得他們所尋找的事物最終只能在內在求得。雖然他們的故事是由偉大的藝術家所構思，但其中年之路的輪廓對所有人來說都是相同的。

中年相遇的另一種類型發生在杜斯妥也夫斯基（Dostoevsky）的《地下室筆記》（*Notes form Underground*），該書於1864年出版，是一份對進步派、改良派，以及認為理智可以根除世上不幸的天真樂觀者的控訴書。但它不僅是對時代精神的分析，也代表了與陰影的深刻相遇。很少人能像杜斯妥也夫斯基那樣，這麼誠實地寫出對內在黑暗的深刻洞察。

《地下室筆記》以詩句作開端，但並非維多利亞式的文學情感：「我是一個病人……一個小氣的人……但事實上，我對自己的病一點也不瞭解；我甚至不太確定讓我生病的原因。」此時沒有姓名的說話者插入了一段自戀的獨白：「那麼現在，一個正派的人最喜歡談些什麼呢？當然了，是談他自己。所以我要來談談我自己。」在接下來的段落裡，他描述了自己的恐懼、投射、憤怒、嫉妒——那些因為太過人性而人們會去否認的特質，並狡猾地寫下「人們都為其缺陷而驕傲，而我在這一點上可能勝過任何人」[89]。

地下人讓我們意識到所有人在第一成年期都會做的事，也就是對生命創傷的反應。我們會建立一系列基於創傷的行為，並以合理化和自我辯解的方式活出我們有限的視野。但地下人並不會用合理化來寵溺自己或我們。讀者希望能更清楚地瞭解他，因為他的自我控訴其實指涉了所有人。但就如他所說：「一個像我這麼清醒的人，要如何才能尊重自己？」[91]他將人性定義為「不知感恩的雙足動物」，但這還不是人類的主要缺點。他的主要缺點是慣性反常。[92]

地下人拒絕讓自己變得可愛或可被原諒。他拒絕讓自己或讀者好過。他的自我分析讓閱讀變得很不愉快，但他卻帶著先見之明稱呼自己是反英雄。[93]他的英雄氣在於他的反常，以及他用自己的誠實迫使讀者反省。因此他告誡道：

90 原註73。*Notes from Underground*, pp. 90-93.
91 原註74。同上。P. 101.
92 原註75。同上。P. 113.
93 原註76。同上。P. 202.

> 我所做的只是把你不敢做的事推到了極限，你甚至連我的一半都不到，你們把自身的懦弱當成理智，想讓自己覺得好受。因此我最終可能比你們更像個活人。[94]

卡夫卡曾寫道，偉大的作品應該像一把斧頭，可以劈開我們內心冰封的海洋。[95]《地下室筆記》就是這樣的作品。某些人仍舊質疑他的文學價值，把它視為對膚淺的樂觀主義時代的控訴。但我們也可以把《地下室筆記》視為一個人在中年時與他自己的相遇。然而在文學作品中，與陰影相遇也很普遍，從霍桑（Hawthorne）到梅爾維爾（Melville）、愛倫・坡（Poe）、馬克・吐溫（Twain）、史帝文森（Stevenson）的《化身博士》（*Jeckyl and Hyde*）、康拉德（Conrad）的《黑暗之心》（*Heart of Darkness*），但杜斯妥也夫斯基帶我們進入了最危險的地方。他描述了人們竭力想要隱藏的卑劣之處。然而，越是努力壓抑並分裂豐滿肥沃的陰影，它就越會藉由投射突破限制並以危險的方式出現，就像我們在浮士德和艾瑪・包法利身上看到的那樣。

儘管與陰影相遇令人痛苦，但它卻使我們與人性再次連結。它包含了生命的原始能量，如果能有意識地加以控制，它就能帶領我們改變與更新。確實，我們很難將自戀轉化為有用的東西，但至少它可以被我們涵納，避免傷害他人。用同代詩人波特萊爾（Charles Baudelaire）的話來說，地下人是「我的同類，我的兄弟」[96]。

把藝術當使命的人會建構與再建構他的神話，有時是有意識的，有時是無意識的。偉大的詩人葉慈（W.B. Yeats）就經歷了多次轉變。很顯然，葉慈有些朋友會抱怨他們剛適應了詩人原有的樣子，突然間他就變成了新的樣子。

94 原註77。同上。P. 203.
95 原註78。*Selected Short Stories of Franz Kafka*, p. xx.
96 原註79。*An Anthology of French Poetry from Nerval to Valery in English Translation*, p.295.

無論何時我重寫我的歌，
朋友都會覺得我做錯了。
要知道，無論我選擇關注什麼議題，
那都是我在重塑我自己。[97]

接下來三位詩人代表著重塑個人神話的自覺努力。當王室與教會的權力衰頹，個體就被遺棄在荒原中尋找自己的出路。多數的當代藝術證實了，雖然我們需要從過去的遺跡中撿拾可用之物，四處尋找依舊合用的象徵，但多數時候我們是從個人經驗中萃取意義的。如果過往的精神泉源對當代藝術家已不再合用，那他們就得從自身經歷的碎片中畫出靈魂的經緯度。那些碎片中，最重要的通常是父母情結。另外三個美國當代詩人，狄奧多・羅特克（Theodore Roethke）、理查・雨果（Richard Hugo）及黛安・華科斯基（Diane Wakoski），也在記憶的索引中篩選，試著拼湊出連貫的自我感。

如先前提過的，我們最迫切的兩個需求就是滋養與賦權，亦即使我們感覺生活會以某種方式服務和援救我們，而我們也能夠達成自己的目標。狄奧多．羅特克在密西根州的薩吉諾（Saginaw）度過了他的童年，他的父親在當地擁有一間溫室。那是他許多詩作的焦點，因為那裡不僅象徵了他的文學之家，也象徵了他對「綠色世界」的樂園記憶。父母形象是滋養與賦權這兩種原型力量用以傳遞的載體。當父母能攜帶並傳承這些巨大的力量時，他們就會在孩子的內心被激活。如果孩子未能在父母身上找到這些力量，他們就會改在代理人身上尋求。羅特克在多年後回憶起他父親的三位員工，她們幫助自己滿足了這些孩童時的需要：

三位年長的女士走了過來
她們爬上溫室吱吱作響的梯子
拿出白色的繩線，

97 原註80。See Richard Ellman, *Yeats: The Man and the Masks*, p.186.

甜豌豆的捲鬚，菝葜
金蓮花，攀緣向上的
玫瑰，將康乃馨
拉直，紅色的
菊花；僵硬的
枝幹，連接處如玉米
她們將其綑綁收攏，
像個保姆般照料著植物，
動作比鳥快，挖洞又篩土，
她們灑水又束堆，
她們跨過水管。
她們的裙子在棚內如波浪翻騰，
她們的雙手因汗水而發亮，
就像成排飛行的女巫，
自在地不停創造；

用捲鬚做針，
她們用莖幹縫補空氣，
她們逗弄著因寒冷而沉睡的種子，
所有的線圈、圓環與螺生體。
她們為太陽搭棚，她們的謀劃不僅是為了自己。

我記得她們怎麼將我抱起，一個單薄的孩子，
對我瘦小的肋骨又捏又戳，
直到我躺在她們的腿上，大笑出聲，
瘦弱得像個小人兒（wiffet），
此刻，我孤單且寒冷地躺在床上，
她們依舊在我心裡徘徊，
這些古老堅韌的老女巫，
和她們被汗水堅固的頭巾，
被荊棘刺傷的手腕，

和她們輕吹在我身上喘著粗氣的呼吸，
在我第一次睡著時。[98]

就如琥珀中的蟲子，這三個在時光中凍結的女人依舊滋養著內在小孩。她們的工作，她們對孩子的關心，此刻似乎提供了一個神聖空間，一個心靈中的神聖處所，在詩人經歷困難的時候協助他對抗憂鬱與失落。她們不僅是員工，對植物或孩子來說，她們還是成長中事物的保姆。他的回憶重現了那些單純事物的驚奇，翻騰的裙子、女巫般的行動、被汗水堅固的頭巾、被荊棘刺傷的手腕、喘著粗氣的呼吸，所有的隱喻都開啟了通往過去的大門。在孤獨、寒冷且艱困的當下，作者再次連結了一個滋養且綠意盎然的時光。回憶支撐，甚至餵養著詩人飢渴的靈魂。而正因如此，我們在中年面對生命的遼闊與旅程的孤獨時，才可能與生命中曾受到支持與支撐的時光相連結，並部分地得到它們的調解。

理查·雨果則很難找到那段充滿生機的回憶。

你記得那名字叫詹森（Jenson）。她看起來年事已高，

內心總是孤獨，蒼白的臉貼著窗戶，
信也從來沒有人回。兩個街區外，
格魯伯斯基斯（Grubskis）一家人瘋了。喬治（George）吹著壞掉的長號，
復活節時，當他們揚起旗幟。野生的玫瑰提醒著你，
這條路還沒鋪好，碎石與凹洞才是這裡的王道。
貧困是真的，錢包、精神，以及每一天都跟做禮拜一樣緩慢。
你記得街角破舊的教堂，對著星星吼叫著他們的真理，
而狂熱的聖潔者為了他們年度的狂吼租下了穀倉，
在你從戰場歸來時，那座穀倉已經燒毀了。
在知道你認識的人去世之後，
你試著相信這些鋪好的路得到了改善，
新鄰居在你離開時搬了進來，他們長得很好看，
他們的狗也餵得很肥。你依舊需要

98 原註81。"Frau Bauman, Frau Schmidt, and Frau Schwartze," in *The Collected Poems of Theodore Roethke*, p. 144.

記得許多空地與蕨類。
草皮修剪得很完善，這提醒著你，
你太太永遠離去那天所搭的火車，前去某個遙遠空洞的小鎮，
那是個你永遠記不得的名字。時間是6點23分，
日期是10月9號。年分則已記不得。
你將自己的失敗怪罪在鄰里頭上。
格魯伯斯基一家用某種隱誨的方式貶低你，
這點無法彌補。而你知道自己必須一次又一次地彈奏下去。
詹森太太蒼白的臉龐映照在窗戶，
一定聽到了鄙俗的音樂蓋過了車水馬龍的交通。
你很喜歡它們，而它們依舊，無事可做，
沒有錢也沒有意願。愛他們，陰沉
是他們的疾病，你帶著多餘的食物以免被困在某個奇怪空洞的小鎮
需要飢渴的戀人當朋友，需要感覺
在他們建立的祕密俱樂部裡受歡迎。[99]

雨果的童年期住在一個鄙陋的街道，金錢與精神都很貧困。對孩子來說，時間總是緩慢，但又如此飛快，似乎很難解釋所有的變化。進步來到了這條街道。街道被鋪設、草皮被修剪、寵物被餵飽，但其他畫面又來到這本我們稱之為生活的奇怪小說中。人們來了又去，有些和我們親近，有些則否；有些人友善，有些則否，當中唯一不變的就是作者試圖把一切搞清楚。不知何故，詩人覺得童年的軌跡、鄰里的狀況，讓這一切變成這個模樣。

如果詩人認為他的生活很失敗，那麼生命的起始點也會受到牽扯，從而貶低了童年期的原始願望。然而雨果就像羅特克一樣，在黑暗的日子裡依舊選擇返回他的出發地，試著搜尋一些線索，以便回答他自己是誰，他的生活又代表了什麼。即使是此刻，「陰沉／是他們的疾病，你帶著多餘的食物」，若是沒有資源，人很難踏上朝向未知的漫長旅程。既然我們知道朋友和戀人有他們自己的旅程，只能陪我們走一段路，詩人就必須攜帶記憶的碎片作為靈魂的食物。

99 原註82。"What thou Lovest Well, Remains American," in *Making Certain It Goes On: The Collected Poems of Richard Hugo*, p. 48.

雨果和羅特克都是上述那首詩最後一行提到的「祕密俱樂部」裡的成員。那是一個資源耗盡而不得不重組的社群，以便獲得其神話的支持。詹姆斯・希爾曼（James Hillman）曾指出，所有的個案史都是虛構。[100]生活的真相為何，遠比我們如何記住它們，如何內化它們，如何被它們驅動，以及我們如何與它們互動還不重要。

每天晚上，當無意識開始攪動我們日常生活的碎屑時，製造神話的過程就啟動了。記憶也是一樣，它也會維持現況、將我們定錨在嬰兒期，或者欺騙我們，這要視情況而定。無論是在字面上或想像中，回到童年的場景都會幫助我們去和所謂的現實建立成熟的關係。

拜訪小學三年級的教室和課桌椅會讓人發現它們都是給孩子的縮小版，禁止奔跑的走廊、無盡的操場，全部都成比例地縮小。同樣地，過去的創傷可能會被帶著內在小孩的大人給同化，並允許記憶中的巨大痛苦與快樂被成人的力量與知識給重建。

進入中年之路唯一的必要條件是，去發現我們不知道自己是誰，外界沒有拯救者，長大後沒有媽咪或爹地，而旅程中的同伴卻能好好地存活下去。當我們承認自己來到了這個關鍵的時刻，我們就能處理生命的經緯，找到使我們從過去返回現在的方法。

黛安．華科斯基試著藉由檢查過去的模糊照片找出自己是誰：

我的姐妹穿著剪裁良好的絲質上衣，
將我父親的照片拿給我，
穿著海軍的制服與白色的帽子。
我說：「噢，這是媽媽以前放在梳妝台上的那一張。」
我的姐妹控制著表情，偷偷地望向母親，
一個外表臃腫，全身鬆垮的女人，
就像救世軍販售的二手床墊，儘管沒有破損。

100 原註83。*Healing Fiction.*

她說：「不。」

我再次看著照片，
看見我父親戴著
他和我媽一起生活時
從沒戴過的婚戒。婚戒上刻著：
「致我最愛的妻子，
我的愛
士官長」
我瞭解這張照片肯定屬於他第二任妻子，
他拋棄我媽後結婚的女人。

我的母親說，她那張臉和北達科他州
的無人區
一樣平靜，

「我也可以看一下嗎？」
她看著它。

我看著我那衣著講究的姐妹，
和穿藍色牛仔褲的自己。我們是想透過分享這張照片
來傷害自己的母親嗎？
在我為數不多的回家的這幾天。
因為她的臉有一種奇怪的不安，
不是她原先那凶惡的苦瓜臉，
而是某種說不出話的感覺。

我轉過頭，說我得走了，因為我跟朋友約了
吃晚餐。
但我從惠蒂爾（Whittier）一直開到帕薩迪納（Pasadena），
路上一直想著母親的臉；我何以會永遠不愛她；我父親何以

也無法愛她。
直到我發現，自己遺傳了
那個臃腫的身體，
冷淡的臉孔和鬥牛犬般的下巴。

我開著車，想著那張臉。
傑佛斯（Jeffers）的加州美狄亞（California Medea）啟發了我的詩。
我殺了自己的小孩，
但當我在高速公路變化車道時，在後照鏡中的一瞥，
讓我看見了那張臉，
那即使不是幽魂，也時刻跟在我身邊，就像放在愛人錢包裡的
照片。

我多麼痛恨我的命運。[101]

照片並不像用來遺忘的舒緩藥膏，它會將記憶從無意識裡提取出。母親、姐妹與詩人，三個女性藉由過去的照片共同被聚在了一起。表面之下，潛伏著老舊的傷口與張力。詩人穿越時間的方式，就像孩子踩在冰面上，不知道哪一塊堅固，哪一塊易碎，但仍然得徒步走過。在另一首詩中，華科斯基說她「領養」了喬治・華盛頓（George Washingtom）當自己的爸爸，因為她的親生父親當了「30年的士官長，總是離家很遠」[102]。她將一個住在弗農山的歷史人物當作父親，而他仍靜立在一美元的紙鈔上以及孩子的記憶中，因為「我的父親塑造了我，／一個孤獨的女人，／沒有目的，／正如我是一個孤獨的孩子／沒有父親」[103]。

華科斯基對母親的經驗，好比雨果對他的老鄰居，就像救世軍的二手床墊，空洞的北達科他州和凶惡的苦瓜臉。她穿戴整齊的手足對比著她自己的「藍

101 原註84。"The Photos," *in Emerald Ice: Selected Poems 1962-87*, pp. 295-296.
102 原註85。"The Father of My Country," 同上，p. 44.
103 原註86。同上，p. 48.

色牛仔褲」。當她開車回家時，無論去到哪個地方，她都知道自己在孤獨地旅行。不管是士官長、媽媽、姐妹還是詩人，他們都是孤獨的旅人。和羅特克不同，他可以從三個溫室中的老太太身上汲取養分，雨果甚至能從慘澹的陰鬱中啜取所需，華科斯基知道她無法從照片描繪的時光或人物那裡獲得力量、安慰或滋養。她坦承自己無法愛媽媽，也無法愛士官長。然而，在後照鏡的那張臉上，在她自己的影像裡，她卻看見了母親的意像（imago）。她從帕薩迪納旅行到惠蒂爾，一路上出現了各種想法，但母親的印象卻一直跟隨在她身後。

就像另一個受到詛咒的悲劇女性美狄亞一樣，她殺死了內在的可能性。[104] 被受傷版本的自我所驅使，她創造了自己的生命。她越是試著逃離帕薩迪納的過去，越會受到自己暗示的影響。她的結論是：「我多麼痛恨我的命運。」

正如希臘悲劇在兩千五百年前所做的一樣，我們這裡有必要區分宿命（fate）與命運（destiny）。詩人肯定無法選擇她的父母，正如父母也無法選擇她。但是，宿命卻使他們在時空交會處受苦，彼此都傷了對方。在那樣的創傷中，我們創造了行為與態度的組合體（assemblage），用以保護內心那個脆弱的小孩。經過多年的增強作用，那個組合體成為了後天的人格，也就是假我。華科斯基正確地回到了她的根源，去確認她是怎麼讓自己成為這個樣子的。然而，她所看見的事物卻讓她感到厭惡，因為她從後照鏡中看見的，是她與士官長都無法去愛的女人。只要她還是自己無法愛上之人的倒影，她就無法愛自己。然而，命運與宿命並不相同。命運代表人的潛力、天生的可能性，可能實現也可能不會。命運帶來選擇。沒有選擇的命運無異於宿命。她努力想比她憎恨的事物更偉大，而這將她與自己所蔑視討厭的事物綁在一起。只要她把自己定義為媽媽的女兒，她就與宿命綁在一起。雖然這首帶著侷限的詩並未對超越宿命提供太多的希望，但從另一方面來說，創作這首詩時所固有的自我檢視，卻代表著意識的必要行動，以及使命運得以實現的個人責任。

104 譯註18。美狄亞是希臘神話中的悲劇女性，她為了幫助愛人英雄伊阿宋（Jason），不惜幫他一起偷走了父親的金羊毛，還殺死了前來追討的兄弟。孰料伊阿宋日後卻移情別戀，為了報復丈夫，她殺死了與伊阿宋一起生的兩個兒子，流亡雅典。

若不努力地朝向意識，人就會保持受傷狀態。在希薇・普拉斯著名的懺悔詩《爹地》中，她回憶起站在黑板前的教授父親，並突然將他等同於一個「把我可愛的紅色心臟咬成兩半」的惡魔，又補充道：「20歲時我試著自殺／並回到、回到、回到你身邊。」[105]她父親犯的罪就是在她10歲時去世，當時她的阿尼姆斯需要父親的幫忙，才能把她從對母親的依賴中給解救出來。就像華科斯基一樣，她被父親拋棄，被留在母親身邊，因此固著在創傷的那一刻。普拉斯的憤怒與自我厭恨反覆地拉扯著她，直到她最後結束了自己的生命。當人停留在受傷狀態時，人會去恨那張在鏡子中的臉孔，因為它與應該對此傷口負責的人長得很像，也會對自己未能擺脫過去而自我厭恨。

藉由藝術家描繪普遍性的能力，他們總是能告訴我們比紀傳體事實更多的東西。阿波里奈爾（Apollonaire）寫道：「回憶，是打獵的號角，它的聲音隨風而逝。」[106]我們的自傳是陷阱，充滿欺騙性的誘惑，會將我們凍結在看似事實的過往與受傷的狀態，成為宿命的產物。

在中年之路的祕密俱樂部中，有一封邀請，它提供我們更廣闊的意識以及更大的選擇空間。廣闊的意識會帶來寬恕他人與自身的廣大契機，而藉由寬恕，我們會從過去獲得解脫。我們必須更有意識地去塑造我們的神話，否則將永遠無法超越那些發生在我們身上的事情。

105 原註87。"Ariel," *The Collected Poems*, p. 42.

106 原註88。*An Anthology of French Poetry from Nerval to Valery in English Translation*, p.252.

5
個體化：我們這個時代的榮格神話

中年之路的體驗就像你一覺醒來，發現自己一個人待在一艘搖搖晃晃的船上，卻四處看不見港口。我們的選擇只可能有這三種：回去睡覺、跳船逃生，或者抓緊船舵繼續航行。

在做選擇的那一刻，靈魂的崇高冒險從未如此清晰。抓住船舵，我們才能為這趟旅程負責，無論這趟旅程看起來有多可怕，多孤獨，或者多不公平。若不抓住船舵，我們就會卡在第一成年期，卡在異常的神經質人格，變得自我疏離。比起被眾人環繞，當我們知道這趟靈魂之旅只能隻身上路，而我們仍能對它說出「是的，我願意」時，就會感到更加真實，更為整合。那正是克里斯多福．弗萊（Christopher Fry）在一齣戲劇中的角色所說的：「事情上升到了靈魂層次，感謝上帝！」[107]

榮格在其自傳中寫道：

我經常見到，當人們滿足於生活問題的不適當或錯誤答案時，他們會罹患神經症。他們追求地位、婚姻、名聲、外在的成功或金錢，而且依舊不開心與神經質，即使他們得到了自己想要的東西也是如此。這類人的內心通常有著太過狹隘的精神層次。他們的生命沒有足夠的內容與意義。如果他們能發展出更為寬廣的人格，神經症通常就會消失。[108]

107 原註89。*A Sleep of Prisoners*, p. 43.

108 原註90。*Memories, Dreams, Reflections*, p. 140.（譯註：本書亦有中文譯本。卡爾．榮格著，劉國彬、楊德友譯，《榮格自傳：回憶．夢．省思》，張老師文化，2014。）

榮格的觀點非常重要，因為我們全都活在自己的時間、空間與個人史的狹隘視野中。想活出更充實的生活，我們就得瞭解自己成長的限制。我們的文化隱隱假設著，只要藉由物質主義、自戀或享樂主義，我們就能活得幸福，但這點顯然已經破產。擁抱這類價值觀的人既不幸福也不完整。我們需要的不是未經檢驗的「真理」，而是活生生的神話，也就是說，一個與我們本性一致的價值結構，而它能引導我們靈魂的能量。雖然從過去的瓦礫中撿拾對我們個人而言具有意義的意象是有用的，但我們不太可能完全體悟另一個時空的神話。我們必須找到自己的神話。

尋找個人道路的必要性無庸置疑，但路上卻橫亙著巨大的阻礙。讓我們回顧一下中年之路的典型症狀。它們包括了乏味、重複的工作，或者伴侶更換、物質成癮、自我毀滅的想法或行為、不忠、憂鬱、焦慮與逐漸增加的強迫傾向。在這些症狀的背後有兩項基本事實。第一，是有股巨大的力量正從下方向我們施壓。它的急迫令人感覺有破壞性，承認它會帶來焦慮，壓抑它會使人憂鬱。第二，將此急迫性阻擋在外的老舊模式會因逐漸增長的焦慮而重複，但效果卻不斷降低。從長期來看，更換工作或更換關係並不會改變一個人對自己的感受。當內在的壓力持續增加，原有的策略也會越來越不管用，於是自我的危機爆發了。事實上，除了社會角色及心理反射之外，我們根本不認識自己。我們也不曉得該怎麼舒緩壓力。

這些症狀宣告著，人的生命需要實質的改變。痛苦會激發意識，而新生命則隨新意識到來。這項任務令人畏懼，因為人首先得去承認，我們沒有外援，不會有父母幫忙改善一切，也沒辦法再回到從前的時光。此時自我的應對策略已經疲乏，而自性則藉由使自我精疲力竭來尋求成長。人們曾努力創造的自我結構，此刻已處處暴露出它的渺小、擔心受怕，而且找不到解答。人到中年，自性會操控自我組合體，使其陷入危機，以便修正它的軌道。

在中年之路的典型症狀底下有一個假設，那就是我們能透過尋找或連結外部世界的新事物或新對象而得到拯救。唉，對溺水的中年水手來說，根本沒有這樣的援救者。我們正處在靈魂的風暴期，身旁雖然有許多人，但我們需要靠自己的力量才能得救。如果我們能使自己的生活遵循這項真理，那麼無論這世界的磨難有多大，我們都會感覺到治癒、希望與新生。童年早期的經驗，與我們後來的文化，都使我們與自身疏遠。我們只能重新連結內在真理，才能讓自己重回正軌。

1946年12月，一位阿拉伯農民在山洞內找到了一個大罐子，裡頭存放著許多古老的手抄本。[109]這些手抄本似乎是諾斯底教派的文本，內容較像是早期基督徒的個人經驗，而非教會的官方文告。有一篇手抄本的名稱叫做「多馬福音」。據傳，它包含了耶穌的祕密教導，若真如此，他們就揭露了一個與其他門徒的記載極為不同的耶穌。耶穌其中一句話精準地說到了重點，我們若要在中年經歷轉變就得接受這句話。他說：「若你活出內在的事物，它們必將拯救你。若你不將內在的事物活出，它們必將毀滅你。」[110]

我們的內在之物受到壓抑，因此我們生病並自我疏離。因為內在的事物未能得到肯定，我們很難了解自己沿路上究竟在尋找什麼，對我們而言，正確的道路就在那裡。沉思這個巨大的任務讓人驚恐，了解我們的內心有所需的資源，以及了解我們不需要依賴其他人就可以充分活出自己的生命，這在終極意義上會使人感到解脫。正如浪漫詩人賀爾德林（Hölderlin）在將近兩個世紀前寫下的：「諸神近在咫尺，但很難掌握；然而，越是危險之處，解救也越是強大。」[111]

因此，重點並非沒有神話，而是選擇哪一個神話？因為我們經常有意無意地受到意象的引導。我們可能會在意識上選擇與集體價值觀一致的信念與行為，例如追求財富或者遵循團體規範，但這種適應的代價便是神經症。我們也可能活在錯誤的神話裡，例如：「我必須永遠是個乖小孩，要避免生氣，為人服務。」這樣的意象可能會在很深的無意識裡引導我們，以致我們經常這樣反應，卻不知道有其他選擇。無論是服從外在或順從內在，都無法支持我們獲得完整。實際上，人會反覆地被要求為外在服務，即使與內在有所牴觸，也會

109 譯註19。這些文本被稱為《拿戈瑪第經集》（*Nag Hammadi scriptures*），經學者多年整理後方得出版。國內的譯本為馬文．梅爾（Marvin Meyer）主編，李宇美翻譯，由一中心有限公司於2021年出版。

110 原註91。Elain Pagels, *The Gnostic Gospels*, p. 152.

111 原註92。"Plamos," in *An Anthology of German Poetry from Hölderlin to Rilke*, p. 34.

持續服務原有的期望。社會的穩定再次得到了維持，但付出代價的是個體。1939年，榮格在倫敦對教牧心理學協會演講時指出，我們被迫從外在的意識形態與個人的神經症間做出選擇。只有個體化之路才是可行的選項。[112] 這句話依舊正確。

個體化的概念代表榮格為這個時代留下的神話，它是一組能導引靈魂能量的意象。簡單來講，個體化是我們每個人的發展動力，在宿命加諸的限制下，使我們盡可能變得完整。再次強調，除非我們有意識地面對宿命，否則我們就會被它束縛。我們必須將自己是誰從學到的東西那裡分開，把真正的自我與假我分開。「發生在我身上的事不能定義我；我是我選擇去成為的人。」如果我們要逃離宿命的囚禁，就得將這句話日日銘記於心。這個困境，以及意識的必要性，在一本由匿名作者所寫的《短篇自傳五章》（*Autobiography in Five Short Chapters*）中表達得更為幽默。

I

我走在街上
人行道有個很深的洞。
我跌了進去。
我很迷惘……我很無助
那不是我的錯，
我用了很久的時間才得以離開。

II

我走在同樣的街上。
人行道有個很深的洞。
我假裝沒有看見。
我再次跌了進去。

112 原註93。"The Symbolic Life," *The Symbolic Life*, CW 18, pars 632, 673-674.

我不敢相信我跌在同個地方。
但那不是我的錯。
我依舊花了很長的時間才離開。

III

我走在同樣的街上。
人行道有個很深的洞。
我看見它在那裡了。
我依舊跌進去了……那是一種習慣……但是，
我打開了眼睛，
我知道我在哪裡。
那是我的錯。
我立刻就離開了。

IV

我走在同樣的街道。
人行道上有一個很深的洞。
我從它旁邊繞過。

V

我改走其他條街道。

我們永遠無法確定自己有多自由或多受限，但正如存在主義者提醒我們的，我們都得像個自由人那樣去行動。這類行動恢復了人的尊嚴與意義，否則人就會不停覺得自己是個受害者，並因此受苦。一名駕駛波音747的飛行員只要在離開紐約後偏離個幾度，最後就能抵達歐洲或非洲。因此我們即使只做了小小的修正，就能對我們的生命帶來巨大的改變。要完成這項計畫，就必須承諾每天都和我們內在的事物保持聯繫。就如榮格說的：

（個體）擁有先驗的無意識存在，但只有在意識到他當下的特殊本性時，它才能有意識地存在……分化或個體化的意識歷程，需要把個體性帶入意識中，也就是說，要讓它脫離認同客體的狀態。[113]

榮格所提的對客體的認同，指的是人們一開始對現實、對父母的認同，以及日後對父母情結與社會組織之權威的認同。只要我們仍舊認同外部的客體世界，就會與自己的主觀現實疏遠。我們確實是社會性動物沒錯，但也是擁有終極目標或神祕目的精神動物。在對外部關係保持忠誠的同時，我們必須更充分地成為我們應當成為的人。事實上，我們越成為分化的個體，我們的關係就會越豐富。所以榮格說：

成為個體指的並非只是一個單獨與分離的存在，他的存在是以集體關係為前提的，因此個體化歷程必然會導致更激烈與更寬闊的集體關係，而非疏離。[114]

個體化的悖論在於，參與親密關係的最佳方式是充分地發展我們自己，而非被別人餵養。同樣地，我們參與社會的最佳方式也是成為個體，為團體的健康發展貢獻必要的辯證。[115]每片社會中的馬賽克玻璃，都貢獻出它自身獨特的色彩，使社會變得多彩。當我們擁有某些獨特的特質，擁有最充分發展的自我時，就能對社會提供最大的貢獻。榮格再次強調：

> 個體化切斷了個人對集體的服從性。這是個體化之人留給世界的罪過，那是他必須努力償付的罪。他必須支付贖金來替代自己，也就是說，他必須提供同等的價值，來替代他在集體領域的缺席。[116]

113 原註94。"Definitions," Psychological Types, CW 6, par.755.
114 原註95。同上，par. 758.
115 譯註20。也就是不人云亦云，能獨立思考，貢獻意見，使團體不致淪於一言堂，從而使團體保有活力。
116 原註96。"Adaptation, Individuation, Collectivity," *The Symbolic Life*, CW 18, par. 1095.

因此，對個體化的關切並不是自戀；它是服務社會並支持他人走向個體化的最佳方式。與自身及他人疏離的人無法服務世界，在痛苦中將痛苦帶給他人的人同樣如此。作為一組引導的意象，個體化同時建構了目標與歷程，替那些為文化帶來貢獻的人服務。榮格寫道：「目標只有在作為想法時才重要。核心要務是引領我們走向目標的偉業（opus）：那是畢生的目標。」[117]

當我們在甲板上手握船長的船舵時，雖然我們不知道方向，只知道自己有件必須完成的事，方其時，我們就活在靈魂最高的冒險中。從長遠來看，這是唯一值得參與的旅程。第一成年期的任務，是獲得充分的自我強度以便離開父母並進入世界。這份力量在第二成年期起程前往更偉大的靈魂之旅時還會用到。這不是對社會現實的否認，而是恢復我們生命裡的宗教性格。因此榮格建議，我們必須問一個人：

> 他和某種終極的事物有聯繫嗎？那是他生命裡的必答題……如果我們能瞭解並感覺此生和終極事物相互聯繫，我們的慾望與態度就會改變。歸

根究底，我們的價值只可能源於所體現出來的本質，如果我們無法體現那個本質，生命就會被浪費。[118]

能夠與那大於自我的事物建立關係，瞭解這項能力將會為我們帶來轉化。在德爾菲的阿波羅神廟入口處，祭司刻下了一句名言：「認識你自己。」根據一份古老的文獻，神廟內部房間的入口還有一句銘文：「你是（Thou Art）[119]。」這些訓誡很好地捕捉到了個體化的辯證性。我們要更充分地認識自己，在以更大的奧祕為背景之下認識我們自己。

117 原註97。"The Psychology of the Transference," *The Practice of Psychotherapy*, CW 16, par. 400.
118 原註98。*Memories, Dreams, Reflections*, p. 325.
119 譯註21。這句話的意思是，人應當肯定自己的本質或存在。

6

公海上的孤獨航行

我們每個人都會受到召喚成為個體，儘管不是每個人都能聽見或注意。如果我們不願走向自身的道路和我們的旅程，那麼，它的風險就是把指引我們走向自我實現的生命力排除在外，以及喪失意義感。既然我們身處在無人管轄的靈魂公海，那為什麼不盡可能保持覺知與勇氣呢？

最後一章要說明任何人都可以應用的態度與作法。雖然正式的治療關係很有用處，但接下來要介紹的，也適用於那些沒有接受或正在接受治療的讀者。

從孤單到孤獨

美國詩人瑪莉安・摩爾（Marianne Moore）曾經寫道：「孤單的最佳解藥是孤獨。」[120]她的意思是什麼？孤單與孤獨的差別是什麼？

孤單並不是當代的產物，逃避孤單也不是。17世紀的哲學家巴斯卡（Blaise Pascal）在其《思想錄》（*Pensées*）中指出，小丑被發明的目的是為了讓國王分心以排解孤單，儘管他貴為國王，但只要他開始思考自身，就會感到憂愁與焦慮。因此，巴斯卡認定，所有的現代文化都是讓我們遠離孤單和思考自身的分心之物。[121]同樣地，尼采在一百年前寫道：「當我們安靜地獨處時，我們會害怕有聲音在我們耳邊低語，因此我們痛恨沉默，同時用社交來麻痺自己。」[122]

120 原註99。*The Complete Prose of Marianne Moore*, p. 96.
121 原註100。*Pensées*, p. 39.
122 原註101。*The Portable Nietzsche*, p. 164.

與自性的關係若不保持敏銳的覺察，人就無法療癒或參與自身的靈魂。孤獨或獨處可以幫助我們達到這個目標，在那樣的心理狀態下，人完全專注於自己。接下來的內容，是人從孤單走向孤獨所必須面對的議題。

吸收分離創傷

不論是出生創傷這個原始的分離經驗，或者親子關係全部的影響力，都很難完全理解。親子關係越良好，人就越能自足或安於孤獨。弔詭的是，親子關係越有問題，人就會更依賴一般的人際關係。教養環境越不穩定，人就越容易藉由他人的觀點來自我定義。榮格曾寫道，父母「應該去覺察這項事實，即他們就是造成孩子神經症的主要原因」[123]。這將父母擺在了難以自處的位置。這裡的重點不在給父母灌輸罪惡感，而是為了提醒我們，我們有多常被父母親以及父母親的替代物（例如社會體制）所界定。

為了讓自己得到必要的孤獨以便讓個體化能夠發展，人必須有意識地每天自問：「我有多害怕，以至於我一直逃避自己，逃避我的旅程。」共依附狀態的成人已經學會逃避自己的存在。有句老生常談叫「碰觸自己的感受」，它真正要告訴我們的，是從內在現實來定義自己，而非外在的背景。我們必須進一步自問我們對他人的反應：「我的父母潛伏在這裡的什麼地方？」我們才能在出於個人完整性的前提下運作。孩童期的創傷越大，我們的現實感就越幼稚。我們很難知道自己的現實，以及我們如何以它們為基準線來運作。如果人想從中年之路存活下來，那麼，很重要的事情是，冒著孤單的風險來達到與自己融為一體的孤獨感。

123 原註102。"Introductions to Wickes's 'Analyse der Kinderseele,'" *The Development of Personality*, CW 17, par. 84.

失落與撤回投射

巨大的失落經常發生在中年期：孩子離家、朋友過世、婚姻破滅。失去必要的他者，就如同孩子失去他的父母那樣，會使人從存在的意義上感到恐懼。成人不僅會因此感到焦慮，也會因此喪失認同。（一首流行歌哀嘆道：生活若沒有你就無法繼續……）這告訴我們，我們很大程度上把生活意義與認同投射在他者身上，可能是配偶、孩子或人格面具，而這捉住了我們。是的，很多人會因為離婚或小孩離家而感到解脫，但很多人沒有。重要的事情是，藉著感受失落來榮耀這段關係，並認知到一直以來我們都有一個比任何關係都還要緊密的承諾。

一個在失落和投射撤回中受苦的人，將與困擾我們全部人的依賴性搏鬥，同時也將問自己下一個問題：「未知之我有多少部分被綁在那個人或那個角色之中？」當我們能承認失落並收回曾被投注在外界的能量時，旅程的下個階段就會到來。

將恐懼儀式化

人們如此害怕孤單，因此他們會待在糟糕的關係以及壓迫的職場裡，而非冒險承擔放手的結果。最終，在面對孤單時，除了勇氣外，是找不到其他替代物的。尼采曾說，我們害怕聽到的東西可能很有用處也會帶來解放。但我們永遠不可能聽見內在的聲音，除非我們願意冒險獨處。對某些人來說，布置一個對個人而言具有意義的日常儀式很有用，例如安靜地坐著，遠離電話與小孩、除了聆聽沉默外什麼都不做。這樣的儀式一開始看起來很費力、很人為，但堅持下去後，沉默就會開始對我們說話。當我們獨處卻不感到寂寞時，我們就開始達到了孤獨的境界。而恐懼會使我們無法與自己的核心相遇。

儀式的目的是讓人與更大的生命節奏相連。因為儀式經過了代代相傳，變得很制式化，因而失去了它原有的力量。也因如此，對個體來說，更要創造一個有個人意義的儀式，並將此前投注在依賴性的能量拿回來用。目標是讓心靈的紛擾，也就是將人淹沒或使人分心的情結能夠靜止下來。如果我們害怕孤單，害怕沉默，那我們就永遠無法與自己同在。自我異化是現代世界非常普遍的狀態，而它只能被個體的行動給改變。

因此，每天的某個時候，都要冒險去真正地面對自己，遵循一個安靜的脫離儀式，讓自己能從外界與內心的紛擾中平靜下來。當沉默開始說話，我們就得到了自己的陪伴，從寂寞轉向孤獨，這是個體化的必備前提。

連結失落的孩子

童年早期對第一成人期的影響很早就被心理學家給指出來了。但早年經驗能成為療癒中年之路的潛在資源，這件事並未得到足夠的關注。

那並不是指我們內在只有一個孩子——一個可能是受傷的、害怕的、共依附的或退縮的孩子，而是一大群小孩，一個名符其實的幼稚園，班上有小丑、藝術家、叛亂分子、與眾人相處融洽的自主小孩。實際上，他們幾乎都受到了忽視或壓抑。因此，治療通常是用以強化並恢復他們的存在感。而這個方式確實也可用來解釋耶穌的觀點，若要進入天國，人就得再次成為孩子。

當然，我們也得去處理內在的自戀小孩、嫉妒小孩、憤怒小孩，他們的爆發經常讓人尷尬，也帶有破壞性。但我們更可能會遺忘生活中曾有過的自由、美好的天真，甚至歡樂。中年期最具腐蝕性的經驗之一，就是例行事務帶來的徒勞與無趣感。而且實話說，我們內心的自由小孩在辦公室，甚至在婚姻中，都不太受歡迎。

所以最重要的是，如果我們想治癒自己就得自問，我們內在那個自發、健康的孩子想要什麼？對某些人來說。與自由小孩相遇很簡單；對其他人而言，這項工作則很困難，因為他被深埋在我們否認的本質中。當榮格體驗到中年之旅時，他坐在蘇黎世湖畔建了一座沙堡，和自己的玩偶玩耍，雕塑石頭，把他豐富的智力和直覺與靈魂裡受到忽視的領域連結起來。[124] 對他的鄰居來說，榮格看起來瘋了，但榮格知道，當我們感覺卡住的時候，只有內心的事物能夠拯

124 原註103。*Memories, Dreams, Reflections*, pp. 170ff.

救我們。如果這個自由小孩不能在意識層面做處理，那麼他就會從無意識中突破，而且經常帶有破壞性。變得幼稚和因碰觸內在孩童而變得天真，這兩件事並不相同。

人到中年後，我們最終得問內在小孩，他有什麼需要與需求。在自我建構的第一成年期中，我們對世界的自然親近，以及許多的天賦、興趣與熱忱都被拋之在後。我們得到的獎賞是專業化，不僅是工作，親密關係也是。鑑於自性萬花筒般的特性，只有幾個面向才能存活下來。這種不完整是存在性悲劇的一部分，但存活下來得越多，人的生活就越豐富。

我們注意到，中年時情感的流動常被無趣或憂鬱所阻斷。這實際上說的是，我們自身的本性已經被規範得太過狹隘，並開始阻塞。哪裡有玩樂，哪裡就有生命力。為什麼電影中有許多求愛的場景都是一對情侶像個孩子那樣在公園盪鞦韆，或者在海浪裡玩耍？這種老套路也有它的真理存在。激發出這段新關係的，是與自由小孩重新連結的需要與希望。

中年之路提供了一個無可匹敵的新機會，讓我們能自問：「我的內在小孩喜歡什麼？」回去上音樂課；參加美術班，管天賦去死；重新發現遊戲。我一個曾經訪問過許多退休人士的朋友說，他從沒聽過有人希望花更多時間在辦公室。我們仍舊可以滿足外界的義務、工作與關係，但我們必須留時間給失落的孩子。

激情的生活

當有人問喬瑟夫・坎伯，人該如何生活時，他喜歡回答：「跟從你的狂喜（bliss）。」[125]他瞭解我們用了絕大多數時間在父母與文化的命令之下，在這一路上我們失去了自己最棒的部分。有些人對「狂喜」這個字感到困惑，將它等同於自戀主義或某種不實際的太空旅行。我知道他指的是靈魂之旅，那裡頭包括了所有的痛苦與犧牲。就我個人而言，我更傾向於說：「跟從你的激情。」

125 原註104。舉例來說，參見 *This Business of the Gods*, pp. 104-108.

激情是我們的燃料，就像使命一樣，它更像是一種召喚，而非選擇。當雕塑家亨利・摩爾（Henry Moore）年近百歲時被問道他是如何讓自己保持多產的？他回答說，他有一股巨大的激情，因此他無法停止創造。[126]同樣地，葉慈將死之時，仍在床上寫詩。在他生命的最後一年，他說他自己就像是「狂野的怪老頭」[127]。而希臘小說家卡山札基則建議：「別留東西給死亡拿走，除了一些骨頭之外什麼都不留[128]。」我引述文學家的說法不僅是因為他們留下了紀錄，也因為這些藝術家一直用熱情的態度過生活。任何嘗試成為獨特且有創意的人都知道這有多難，痛苦有多難避免，而進步與完成所帶來的滿足感又有多大。

在中年之路上，我們會被邀請前去尋找自己的激情。它會激勵我們去找到深深吸引我們進入生活以及被它所傷害的內在本性，因為那樣的經驗會轉化我們。

相信靈魂轉世的人可能會認為，我們有重新歸來，並實踐其他可能性的機會，但即便如此，那也是另一世，不是這一世。我們被召喚前來這一世，是為了在最大程度上將它完整地活出來。在接近死亡與虛弱時，我們不能猶豫和羞愧地面對過去。如果我們身處此世的原因是去完整地活出自己，那麼現在肯定就是最佳時機。

尋找並跟隨一個人的激情，並不用一定得像高更（Gauguin）遷往大溪地（Tahiti）一樣[129]，因為人生有許多承諾要去遵守，許多人的生活也會被我們影響，因此我們有道德責任去堅持原有的生活軌跡。然而我們仍舊有義務去活出我們的激情，以免生活變得瑣碎與膚淺，彷彿某一天所有的事情都會自動變得清楚，選擇也會變得簡單。生活很少是清楚和簡單的，然而選擇卻能夠定義和肯定我們的人生。

對自身深度的恐懼才是我們的敵人。我們沒有感覺到自己的許可嗎？人到中年，要把許可牢牢抓緊，而非向他人請求。他人不是敵人，恐懼才是我們的敵人。但如果我們會懼怕自身的深度和激情的能力，那我們就更應該懼怕未活出的生命。

126 原註105。Roger Berthoud, *The Life of Henry Moore*, p. 420.
127 原註106。*The Collected Poems of W.B. Yeats*, p. 307.
128 原註107。*The Saviors of God*, p. 102.
129 譯註22。高更是印象派知名畫家，他拋妻棄子遠離法國，來到大溪地追求他的藝術創作，利用法國政府給他的介紹信，在當地過著浪蕩的生活。其藝術成就與個人行為的落差頗受爭議。

這裡有幾則重要的提醒：

(1)沒有激情的生活是沒有深度的生活。

(2)雖然激情對秩序、可預測性，甚至是理性都很危險，但它卻是生命力的表達。

(3)人若不願冒險去過自性所命令以及激情所提供的廣闊生活，他就無法接近神，接近原型的深度。

(4)尋找並跟隨人的激情，有助於我們的個體化。

當我們開始意識到生活的廣闊性，超越童年與種族的侷限時，那麼我們就得對我們的旅程說「是」，並為之冒險。里爾克寫了一首名為〈阿波羅的古老身軀〉（*The Archaic Torso of Apollo*）的詩，敘述者正在觀看一尊古老的雕像，包含雕像當中的每一道裂縫與曲線。然後他理解到，他正反過來被這尊雕像所「觀看」。這首詩以突然且震驚的口吻結尾：「你必須改變你的生活！」[130]我對這首詩的理解是，當人曾置身於真正有創造力及充滿想像力的人面前時，那麼他就不能再裝作不知情。這個人同樣會被靈魂的廣闊與行動的勇敢給召喚。尋找並遵從我們的熱情，那會深深地碰觸我們，讓我們既受傷又坦然，透過將潛能自深處喚醒，那有益於我們的個體化。和使命一樣，自我並非此處的主宰；它只能逃開或者同意。「那不是我的意志，而是你的。」當老舊的生活模式陷於停滯，激情地活著會使人更新。激情地活著是熱愛生命的唯一方式。

靈魂的沼澤

個體化的目標是盡我們所能地去達到完整，而不是讓自我獲得勝利。好幾年前，我在一節早課驚訝地發現，只要活得夠久，我們所愛的人都會離開。由此也可推論，如果我們活得不夠久，那麼我們就會先行離開他們。

130 原註108。*Selected Poems of Rainer Maria Rilke*, p. 147.

雖然這個邏輯不可爭辯，但課堂的反應卻是壓抑與無聲的抗議。這樣的抗議不是來自心理的認知，而是內在小孩，他們依賴他者，希望他們永遠都在。失去我們欲求的東西，對自我而言是個很大的傷害，就像推翻了第一成年期的假設，會讓我們不情願地進入中年之路一樣。這些幻覺中最巨大的其中一個，是存在被稱為「幸福」的終極之境，一種人能夠發現的真實狀態，且可以在那裡永久地生活。令人遺憾地是，我們的命運更常在靈魂的沼澤地裡打滾，被各式各樣的沼澤居民傷害。

對新手來說，沼澤地裡的居民是孤單、失落、悲傷、懷疑、憂鬱、絕望、焦慮、罪惡感與背叛。但很幸運地是，自我並非他以為的，是一位全能的指揮官。心靈的目的性不在意識的控制能力之內，而我們的任務是在生活中經歷這些狀態，並找到它們的意義。舉例來說，悲傷會給我們機會去承認我們所經驗到的事物有何價值。因為它被經驗過了，所以不會完全遺失，而是被保留在骨子裡與記憶中，繼續服務和引領我們接下來的生活。或以懷疑為例。需求雖被稱為發明之母，但懷疑才是。懷疑因其開放性而帶來威脅感，但懷疑總是向外敞開。人類知識的所有重大進步都源於懷疑。即使是憂鬱，它也有一些有用的訊息，亦即有某種重要的事物被我們「向下壓抑」。

我們要做的不是逃離沼澤，而是涉水進入，看看有什麼新生命在那裡等著我們。每片沼澤區都代表著一股心靈之流，如果我們能勇敢駕馭它，就可以找到它的意義。當中年之路的小船在沼澤上起伏時，我們得自問：「對我來說，這意味著什麼？我的心靈想跟我說什麼？我該怎麼做才對？」

直接面對我們的情緒狀態並與之對話，這很需要勇氣。但那裡卻潛藏著讓人完整的鑰匙。在靈魂的沼澤地裡，有著能開闊我們意識狀態的意義與召喚。接受它是生命中最偉大的責任。只有我們自己能抓住小船的舵。一旦我們這麼做，恐懼就會被意義、尊嚴與目標所補償。

偉大的對話

榮格使用了一個德文的合併詞 *Auseinandersetzung* 來描述我們與自己的必要對話。有些人可能會把這個概念翻譯為「讓一件事跟另一件事相互抗衡」，形象地描繪出面質或者辯證。舉例來說，它就是發生在分析師與個案雙方無意識裡頭的事。

要如何讓這樣的對話更進一步呢？我們先前建議過可以每天問自己：「在這種情況下，我是誰？我聽見了什麼聲音？」以及每天冥想，或從事一些更積極的反思活動，例如寫日記。

在書的一開始我曾提過，我們的世界觀並不是我們透過兒童期與文化視角的稜鏡所看到的那個樣子，鏡片會折射光線，扭曲我們的視野。特定的生活經驗被內化、強化和分裂，當它們（例如情結）入侵和壓倒意識時，就會主張自己對當下的控制權。然後，我們就會被迫去問這個明顯的問題：「如果我不是我的自我與情結，那我究竟是誰？」為了處理這個兩難，我們必須展開偉大的對話。從激勵和占據我們前半生的自我—世界軸離開時，我們就需要展開自我—自性軸的對話。如我們曾見到的，自性會透過許多提示來展現它更大的目的。無論是身體的、情感的或是想像的，那全都是我們需要返回正軌的表達。

或許參與內在對話最有用的技巧就是和我們的夢境工作。我們身處的文化對內在生活日漸鄙視，也看不出夢境的價值。但心靈卻會藉由夢的意象來說話，這些意象對自我來說可能很詭異，但它們卻體現了自性的能量與目的。當我們能辨認出意象的意義時，就能接觸無與倫比的豐富智慧，那是我們在書本或體制中找不到的。那是屬於我們的真理，不是別人的，如果我們能跟隨或至少理解一些夢境的內容，那麼，就更加能明白什麼對我們才正確，我們的真實本性要召喚我去做什麼。我們在他處不可能找到如此富含個人神話的正確訊息，它是由夜晚的深度呈現給我們的。

榮格也發展了名為積極想像（active imagination）的技巧。這和佛洛伊德的自由聯想不同，也不是一種冥想。它是藉由繪畫、與陶土互動、跳舞或其他方式來啟動意象的方法，目的是為了與滿載的情緒建立關係。這種類型的

Auseinandersetzung 不僅能幫助意識找到夢境意象的意義，也能促進自我與自性的進一步對話。

我在實務工作中一週大概會聽到40個左右的夢。隨著時間過去，人們會認出幾個反覆出現的母題。然而，正當自我覺得每件事都變清晰的時候，心靈就會拐個彎干擾自我的理解。這樣的工作令人謙卑，但卻沒有比它更豐富的，因為人會直接與靈魂建立聯繫，與每個人身上運作的宇宙神祕目的相連。任何分析師都能提供數百個夢境，我在這裡提供兩個，不可否認地，它們比其他的夢境還要精采和連貫。

第一個夢來自一位42歲的女人，她在孩子長大後回去大學念書。在離開學校多年後，她會覺得念書很不安是可以理解的。在課堂初期，她就對X教授產生了強烈的愛慕之情。陷入情網數個月後，她夢到：

我走在走廊上，看見Y教授在她的辦公室內。她招手叫我進去。奇怪的是，她有一根陽具，我們在她辦公室的地板上做愛，而且沒有關門。我很震驚，但我覺得這件事是對的。後來，我回到走廊上，看見X教授向我走來。我故意笑了一下，這讓他困惑，然後就走過去了。

當事人對這個夢感到有點難為情，猶豫是否該在治療中說出口，因為她害怕這個夢的坦白以及對同性愛的暗示。實際上，那是一個非常正向的夢，表明重要的轉折出現了。對X教授的迷戀代表了她生命中未發展的部分，亦即她的阿尼姆斯，以及她對職涯與人生新視角的需要。而她不太熟悉的Y教授則是一個楷模，她既發展了她的阿尼姆斯，同時又保留了自己的女性特質。因此，從主觀層次來說，和Y教授做愛其實跟她身上男性與女性原則的連結與整合有關。透過性關係，這個連結在她的無意識中發生，她就可以知道自己身上的特別之處，不再需要把它投射到X教授身上。以象徵的方式處理夢，並討論在她內心保持兩極平衡是什麼感覺，這讓當事人對個人的發展任務有更好的理解。

一位36歲的男人夢見他來到了一座美麗的府邸，那裡正上演莎士比亞的《仲夏夜之夢》（*A Mid-Summer Night's Dream*），但被演成了某種色情的芭蕾舞。

他被邀請一起跳舞，他答應了，直到他接到來自母親的電話，堅持要他趕緊回去救她，因為她遇見了一些麻煩。在夢的最後，他對自己想做的事遭到打斷很生氣，但又覺得自己不得不同意母親的要求。

事實上，當事人和他的母親之間相距非常遙遠，但心理上他依舊和她一起生活。他經常感到憂鬱，被負向的阿尼瑪所淹沒，很害怕對關係做承諾。自性送這個夢給他當禮物——一張可以描繪其內心疆域的地圖。雖然在地理上離得很遠，但他仍然與自己的父母「保持聯繫」，仍然是受壓迫童年的受害者。同時他也錯過了「生命之舞」，這是他對莎士比亞的芭雷舞所做的聯想。意象的力量確認了他受傷的程度及其後果。簡言之，這個夢強調了他需要把自己從母親情結那裡解放出來，並讓他的阿尼瑪自由，榮格將它定義為「生命本身的原型」。[131]

人對這類日常的劇碼看得越多，就越會相信榮格所說的自性的神祕力量。在浩瀚的宇宙中，我們並非孤立無援，也非意義空虛。我們有豐富的、共鳴的無意識，它透過日常生活中的症狀、夢境以及積極想像和我們說話。我們在中年之路的任務是和夢中的意象合作，並詢問：「它們來自我的哪些地方？我對它們的聯想是什麼？對於我的行為，它們想說什麼？」

唯一能修正自我感的方式是讓自我與自性進行這類對話。人不一定要進行正式的心理治療，只需要勇氣與紀律去每天「傾聽」。當我們能涵容和整合所學，我們就不會在孤獨中感到孤單。當我們與外在世界接觸的同時也能內化與內心的對話，就會經驗到與靈魂世界的連結，而這個世界是由古代神話與宗教所提供的。我們會重新學到祖先所知曉的事物，學到黑暗便是光明，沉默亦能言語。當我們拿出勇氣和紀律走入內在，去經驗與靈魂的偉大對話，那麼，我們就會在永恆中重新找到立足點。

131 原註109。"Archetypes of the Collective Unconscious," *Archetypes of the Collective Unconscious*, CW 9i, par. 66.

記住，你會死

19世紀的社會哲學家與經濟學家邊沁（Jerome Bentham），從各項標準來說都是一個聰明絕頂的人。直到幾年前，如果你夠幸運，你能在倫敦大學學院見到他。[132]邊沁在他的遺囑中留了一筆津貼，要以他的名義每年辦一場晚宴。這一切都很好。但規定是要把他防腐過的遺體給推出來，並放在餐桌的最前面。人們好奇在這樣的晚宴中，會出現什麼精采的對話？如果賓客發現主人看起來臉色蒼白，他們會覺得不得體嗎？

邊沁的故事反映了西方的文化。隨著神話的支撐開始腐蝕，隨著自我價值轉變，朝向物質獲取與社會地位，現代文化已經將死亡視為敵人。據說死亡現在是雞尾酒會上唯一最不適合開啟的話題。正如社會評論家例如潔西卡・米特福德（Jessica Mitford，著有《美國式的死亡》〔*The American Way of Death*〕）、歐內斯特・貝克（Ernest Becker，著有《死亡否認》〔*The Denial of Death*〕）、伊莉莎白・庫伯勒－蘿絲（Elizabeth Kubler-Ross，著有《論死亡與瀕死》〔*On Death and Dying*〕）等人的觀察，在面對生命的核心事實，也就是我們都會死這件事時，美國特別有問題，這個明顯的事實充滿了暗示。人到中年，兒童期的魔法思維與第一成年期的英雄思維，已被對時間與有限性的嚴峻認知給替代。愛慾帶給我們生命，但也是同樣的力量在吞噬著我們。正如狄蘭・湯瑪斯簡潔的表達：「透過綠莖驅動花朵盛開的力量，正是我的毀滅者。」[133]青春的年輕愛慾，就像吞噬它自身的導火線，到中年時，我們會帶著對死亡的驚訝面對它。也難怪，老男人會和甜美的年輕女孩私奔，這些女人會打膠原蛋白，用整形手術來掩蓋時間的流逝，會在溫泉療養中心香汗淋漓。對變老和死亡的恐懼鼓動著這些行為。

為何我們會希望永保年輕？把某些身體部位變得更好用當然很好，但為什麼人會希望自己返回幼稚的過去呢？答案很清楚，人並不想把生命視為一段發展的歷程，而是把它看作固定不變的時段，人沒有準備好將生命視為一系列的

132 譯註23。哲學家邊沁死後將遺體防腐，捐給倫敦大學學院（University College London, UCL），校名並非原文中所稱的 London School of Economics，今據實修改。

133 原註110。"The Force That Through the Green Fuse Drives the Flower." *Collected Poems*, p.10.

死亡與重生，不是真的想迎向旅程的完整，我們更想在熟悉的舒適圈多停留片刻。所以整形手術可以抹去歲月的痕跡，而青少年文化則主導了整個文化。

希臘神話中的提索奧努斯（Tithonus）是一個會持續變老的永生之人。當他的身體衰老不堪時，他祈求諸神讓他死去，神明答應了。那就是邊沁和我們所有人的故事。時間讓我們歸於塵土。

中年時，我們會對精力消退以及失去努力守護之事物而感到沮喪，這是非常自然的。但在這份沮喪之下卻暗含著邀請。它邀請我們為旅程的下一階段換檔，從外部獲取轉向內部發展。從第一成年期的角度來看，第二成年期是一場緩慢的恐怖秀。我們會接連失去朋友、伴侶、孩子、社會地位，然後是我們的生命。然而，如果宗教所言為真，自然的法則和神明的意圖相符，那麼我們就必須順從這個過程的偉大智慧。我們不能再用年輕時的角度去經營人生，也就是只用自我的角度去想像安全，因為想要得到偉大的成就，就得獲取足夠的彈性，才能確保整個生命符合更大的節奏。

我曾有幸認識一些在死前反而比大多數人更清醒的人。其中一位名為安琪拉（Angela），她曾坐在我現在的位置上說：「我希望這件事情不要以這種方式發生在我身上，但這是我所遇過最好的事情。」她坦承癌症侵蝕了她的身體，但最終卻喚醒了她的生命。她曾經過著美好、負責且有尊嚴的生活，但她從來不認識自己。在心理分析期間，她激發了自己從未碰觸的部分，她去學了音樂、空手道以及繪畫。我對她的勇氣、不停增長的慈愛，以及她天真的智慧感到驚奇。到她去世前，她已贏得比她自己還要大的成就：美好的人性以及人生旅程的壯麗。這個向我求助的人，卻多次幫助了我。

中年之路的折磨可以被轉化為這樣的成就。諷刺地是，正是失去才使我們獲得，因為放棄舊的自我會使人開啟更大的現實。如果我們是不死的，就不會有真正讓我們感到重要的事。但我們會死，所以每個選擇都事關重大。藉由做出選擇，我們才能成為人類，也才能找到我們的個人意義感。而弔詭之處正在於，人類存在的價值與尊嚴、恐懼與希望，有賴於我們的死亡。這就是華勒斯・史帝芬斯（Wallace Stevence）那句話的意思：「死亡是美麗之母。」[134] 美源於恐懼，對肯定的慾望也是如此。有如此多的恐懼，也有如此多的美。

當我們不再執著自己是誰，不再尋求名聲、財富或年輕的外表，那時我們知道，我們已經走過了中年之路。藉由放棄老舊的自我依附，以及肯定那逐漸深入的奧祕，先前將生命視為緩慢地消逝，以及不可改變的失落體驗，那樣的感受將會得到轉化。

正如以往，詩人捕捉到了這個悖論，注意到兩千年前耶穌說的話，想贏得生命者，必先學會放棄生命。里爾克在他第九首《杜伊諾哀歌》（*Duino Elegy*）中，說出了我們人生的循環。

你永遠是對的，而你神聖的
啟示就是親密的死亡。
看哪！我還活著。我靠的是什麼？
童年和未來都不會
變少……存在感的盈餘
在我心中湧出。[135]

此悖論在於只有透過放棄我們所追求的，才能超越對安全感與認假保證。放棄我們追求的一切，然後，最奇怪的是，存在感的盈餘就會多到足以湧滿我們的心頭。然後，儘管腦中的知識有時也很重要，但我們卻會轉向心中的智慧。

134 原註111。"Sunday Morning," *The Collected Poems of Wallace Stevens*, p. 106.

135 原註112。*Duino Elegies*, p.73.

閃耀的光

據我所知，關於生命的定義，沒有人比榮格說得更好：「生命是一道閃耀的光，處於兩個偉大的奧祕之間，實則這兩個奧祕乃是一體。」[136]我們狹隘的意識所能知悉的奧祕並不是全部的奧祕。我們永遠不會明白，這趟生命旅程究竟是怎麼一回事，清楚明白的那一天不會到來。我們只是被召喚前去，並盡可能有意識地將它活出來。

當代的希臘詩人卡瓦菲斯（Cavafy）捕捉到這個悖論，旅程的目標或許就是旅程本身。他有首詩名為〈伊薩卡〉（*Ithaka*），這座島嶼城市既是神話英雄奧德修斯（Odysseus）的出發地，也是他的目的地，他是我們每個人內在的流浪者原型。在勸告奧德修斯祈禱自己路途漫長，冒險眾多之後，詩人鼓勵他不要太早返鄉。當他最後終於得以返回家鄉的港口時，還請記得：

伊薩卡賜予你這趟美妙的旅程

沒有她，你就不會上路
但她沒有更多東西能賜予你了。
如果你發現她的貧困，伊薩卡並未欺騙你。
憑藉你得到的偉大智慧，憑藉你如此豐富的經驗
那時的你，必然會明白伊薩卡的意義。[137]

我們的伊薩卡不是抵達或休憩之處，而是啟動和鼓舞我們旅程的能量。

無論後半生何時來到，在那時，我們仍然得對老舊的自我世界保持忠誠。但人的現實感已經不再取決於它。是的，集體角色的喪失是一種死亡，然而，有意識地放它離開可能也會開啟轉化的歷程，我們要有智慧地協助這個過程，而不是阻礙它。當我們轉過了這個靈性的彎，許多老舊的自我要務也就不再那麼重要了。

136 原註113。*Letters*, vol. 1, p. 483.
137 原註114。*The Complete Poems of Cavafy*, pp. 36-37.

一個人還沒走向中年之路的訊號是，他或她仍然熱衷於第一成年期的自我建立活動。他們還沒學到，那些活動所代表的僅僅只是投射，是對那些有限的及錯誤百出的偶像的投射。它們是幻覺的偶像，儘管在早年的生活有其必要，但卻會在後面的旅程中讓人找不到方向。當然，旅程本身是象徵性的，是運動、發展、愛神戰勝死神的意象，是努力賦予意義。我們的中年任務是讓自己強大到足以放棄前半生的自我要務，並向更偉大的奇蹟開放自己。

中年的危機體驗並不是核心自我的崩潰，而是假設的崩潰。當我們看見身旁的前人時，很自然地會尋找行為與態度的楷模與典範。我們假設，只要自己跟從他們的規劃，那我們最終就能自我肯定，並學會生命的意義。當我們發現這並非真相時，我們會感到幻滅、焦慮甚至背叛。我們明白沒有人真的了解生命的意義，或奧祕的本質。那些宣稱自己了解的人依舊活在投射裡，或者是在欺騙大眾；在最佳情況下，他們只是證明了自己的真理，而不是我們的。因此，世上並不存在靈性導師，因為每個人的路都不相同。

榮格提醒我們，我們感受到的痛苦，是因為受苦的靈魂試著想「滿足於生活問題的不適當或錯誤答案」[138]。所以，如果我們覺察到生活受拘束，視野有限，觀點幼稚，那麼，我們或者可以選擇跳船，或者可以選擇擁抱旅程。對那些擔心自己的旅程會對他人帶來衝擊的人來說，我們需要謹記，幫助他人最好的方式，就是清楚地活出自己的生命，這樣他們才能自由地活出自己的。榮格覺得，這點對父母與孩子說猶為真實。里爾克寫道：

有時一個男人在晚餐時站起來，
走出門外，繼續往前走，
因為有座教堂矗立在東方某處。
而他的孩子為他獻上祝福，彷彿他已經離世。

138 原註115。參見第五章，原註90。

> 而另一個男人，他一直待在自己家裡，
> 待在那裡，和他的杯碗瓢盆在一起，
> 所以他的孩子必須離家，深入這個世界
> 走向那座同樣的教堂，那座被他遺忘的教堂。[139]

結束中年之路後，沒人說得準這趟旅程會將我們帶去哪裡。我們只知道必須接受自己的責任，那些他人走過的路並不見得適合我們，而我們最終要尋求的事物就在我們內心，並不在外界。正如數個世紀以前的聖杯傳說所言：「走別人走過的路是很可恥的事情。」[140]只有聽從內心的聲音，我們才能感知到靈魂的激勵，正是對內心而非對外界的強調，才區分了第一與第二成年期的不同。榮格再次提醒了我們：「人只有自覺地同意內心聲音的力量，才能擁有個性。」[141]

有意識的行為才是核心，否則我們就會被情結給淹沒。我們每個人內在的英雄都需要回應個體的召喚。我們必須拒絕外界的雜音，轉而聆聽內在的聲音。當我們能勇敢活出內心的激勵，我們才能成就個性。對那些自認瞭解我們的人，我們可能會成為陌生人，但至少，我們將不再是自己的陌生人。

對中年之路的有意識體驗，需要將我們是誰與我們內化的經驗加以分開。然後，我們的思維模式就會從魔法思維轉向英雄思維，最後再轉向人性思維。我們將不再依賴與他人的關係，對他們的要求變少了，對自己的要求變多了。我們的自我遭受打擊，我們要重新定位自己與外在世界的關係，包括生涯、人際關係、權力賦予與滿足的來源。在增加了對自己的要求時，我們不再對他人失望，因為他們無法提供他們沒有的東西；我們承認他們的主要責任跟我們一樣，就是走向自身的旅程。我們會逐漸意識到肉身的有限，以及所有人類事物的脆弱。

139 原註116。*Selected Poems of Rainer Maria Rilke*, p.49.

140 原註117。Chretien de Troyes, *The Story of the Grail*, p.94.

141 原註118。"The Development of Personality," *Development of Personality*, CW 17, par. 308.

如果我們的勇氣依舊，中年之路會在切斷我們與生命的聯繫之後，再次帶我們返回生命。奇怪的是，除了所有的焦慮外，連同出現的，還有令人驚奇的自由感。我們甚至會意識到，只要我們與自己緊密相連，外在發生的事並不重要。與內在生命建立的新關係，比外部世界的損失更有價值。靈魂之旅的豐富性，證明了它至少與世俗的成就同樣有價值。

回想一下榮格的核心問題：「我們是否與某種終極的事物有聯繫？」[142]我們或者體現了某種本質，或者浪費了生命。一種偉大的神祕能量在孕育時就體現了出來，暫居一陣子，而後去往別處。讓我們做個仁慈的主人吧！讓我們有意識地贊同這閃耀的生命之光。

最後，讓我們用里爾克的話做為墓誌銘。

我生活在不斷成長的範圍裡，
逐漸超越這個世界的事物。
或許我永遠無法抵達終點，

但那將是我的目標。
我繞著上帝，繞著古老的塔，
我已繞了一千年，
而我仍舊不知道自己是一隻獵鷹，一場風暴
或是一首偉大的歌謠。[143]

142 原註119。參見第五章，原註98。
143 原註120。*Selected Poems of Rainer Maria Rilke*, p. 13.

中年之路——穿越幽暗，迎向完整的內在鍊金之旅

出　　版／楓樹林出版事業有限公司
地　　址／新北市板橋區信義路163巷3號10樓
郵政劃撥／19907596 楓書坊文化出版社
網　　址／www.maplebook.com.tw
電　　話／02-2957-6096
傳　　真／02-2957-6435
作　　者／詹姆斯・霍利斯
譯　　者／鐘穎（愛智者）
企劃編輯／陳依萱
校　　對／周季瑩
港澳經銷／泛華發行代理有限公司
定　　價／480元
初版日期／2024年6月

國家圖書館出版品預行編目資料

中年之路：穿越幽暗，迎向完整的內在鍊金之旅／詹姆斯・霍利斯作；鐘穎（愛智者）譯. -- 初版. -- 新北市：楓樹林出版事業有限公司, 2024.06 面；公分

譯自：The Middle Passage

ISBN 978-626-7394-82-3（平裝）

1. 榮格(Jung, C. G.(Carl Gustav), 1875-1961) 2. 分析心理學 3. 中年危機

170.181　　113005943